U0505222

第一次遇见苏东坡

衣若芬 著

上海人民出版社

東坡先生之像

仰乾隆御
山寶
覽及
吳江張基
德載圖書原本

SU TUNG-P'O

After the painting of the poet executed by command of the Emperor Ch'ien Lung

东坡像（选自李高洁《苏东坡文选》）

苏东坡《寒食帖》（台北故宫博物院藏）

苏东坡墨竹图（作者摄于纽约大都会博物馆）

开封繁塔曾经是北宋京城最高地标（作者摄于 2011 年）

湖北黄州赤壁（作者摄于 2010 年）

作者在斯坦福大学的苏东坡课堂场景

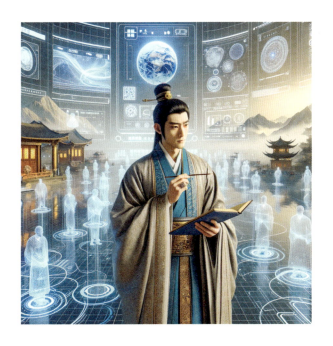

苏东坡元宇宙（作者与人工智能系统DALL·E共同设计）

目 录

序

这是和苏东坡相遇的 10 个故事。

在"花褪残红青杏小"的季节，遇见苏东坡。感受他的兄弟情谊。

在"正是橙黄橘绿时"的岁月，遇见苏东坡。体察他的宦海沉浮。

万谷酣笙钟，遇见暮年苏东坡。管他清风急雨。

千里共婵娟，遇见 AI 苏东坡。畅想元宇宙的未来。

这一生，何妨吟啸且徐行。每一次遇见，都是新鲜。

2024 年，不在计划中的一本书。正在写《AIGC文图学：人类 3.0 时代的生产力》，为 8 月新学期开设分析人工智能生成文本的课程，每天和 ChatGPT、

Bing（Copilot）、Germini、Claude 等 AI 工具打交道，满脑子深度学习、神经网络、大语言模型……同济大学崔铭老师推荐我为上海人民出版社写一本关于苏东坡的书。和温泽远社长、马瑞瑞编辑沟通过后，觉得"第一次遇见"系列书籍挺有意思，令我也想起自己遇见苏东坡的人生历程，从误认苏东坡的诗，到轻信苏东坡故事，到错过杭州苏东坡纪念馆，到……峰回路转，柳暗花明，好像人生的一些重要的转折点，路口都有个人在指引我方向，那个人，就是苏东坡。

于是整个三月，同时写两本书。一会儿掉入回忆的汪洋，反观苏东坡与我的交集，从他的作品里开展经典的当代意义。一会儿畅想元宇宙，思考 AI 的迅猛发展和人类文明的未来。看似矛盾，内在又微妙地一致，我在有生之年吸取了苏东坡的文化养分，我研究、教学、书写、讲演，希望传递给他人苏东坡的智慧。当我发现 AI 也懂一些苏东坡，依照我的指令分析苏东坡作品不同翻译的差别；生成《赤壁赋》的图像；和我玩角色扮演——AI 苏小坡和衣若芬贺春节……那趋近"永生"的可能性，令人兴奋期待。

《第一次遇见苏东坡》就这样点点滴滴汇聚成时间之流，从小学生的我，直到未来。如果您读过我的《陪你去看苏东坡》，那是一本追寻苏东坡行走大地，穿梭古今空间的怀想；《第一次遇见苏东坡》是见证我被苏东坡开启的十个契机，包括：

　　1. 第一次知道苏东坡（1977 年）。

　　2. 第一次发现绕不开苏东坡（1989 年）。

　　3. 第一次想追随苏东坡（1990 年）。

　　4. 第一次做客东坡家（1997 年）。

　　5. 第一次为苏东坡《寒食帖》落泪（2006 年）。

　　6. 第一次觉得苏东坡真夸张（2010 年）。

　　7. 第一次因苏东坡不服气（2015 年）。

　　8. 第一次被苏东坡治愈（2020 年）。

　　9. 第一次自己烧东坡肉（2020 年）。

　　10. 第一次震惊 AI 也懂苏东坡（2024 年）。

　　每一个契机中有相应的苏东坡作品，重读这些作品，我又有了一些新的体悟和发现，澄清前人旧说和网络胡言。比如：

　　1. 林语堂《苏东坡传》写苏东坡修行瑜伽的

误解。

2.《寒食帖》的写作年份。

3.《念奴娇·赤壁怀古》里面为什么会讲到小乔？

4.“多情应笑我，早生华发”，究竟该怎样解释？

5. 为什么说苏东坡是“吃货”太小看他了？

6. 苏东坡一生怎么都喜爱姓王的女子？

7.《东坡羹颂》《食豆粥颂》中的佛教寓意。

8. 读过前后《赤壁赋》才懂《记承天夜游》。

9.“春江水暖鸭先知”，难道鹅不知道吗？

10.“归去，也无风雨也无晴”，无晴无雨的人生，还有什么？

在《中外名人谈苏东坡》这部分中，我选取了一些著作中的精华，并邀请中外专家学者谈对苏东坡的想法，非常感谢以下诸位师长赐予回应，谨省略敬称职衔（详见内文），排名不分先后：

黄启方、王兆鹏、周裕锴、朱刚、王友胜、由兴波、崔铭、肖丽华、金炳基、朴永焕、柳素真、浅见洋二、杨治宜、杜若鸿。

关于苏东坡的书籍汗牛充栋，限于篇幅及我的见识，主要只推荐近年出版著作。《中外名人谈苏东坡》中的名人均为苏东坡研究大家，读者可再一一查询。

《苏东坡人生大事年表》所附作品只列出本书涉及而且写作年代较为明确者，读者或可浏览，看一看、想一想、说一说你"第一次遇见苏东坡"的故事。

衣若芬书于新加坡

2024 年 4 月 27 日

第一章　第一次知道苏东坡

原来这不是三毛写的诗

你记得你第一次知道苏东坡是什么时候吗？

我第一次知道苏东坡是在小学的时候。

我不是直接阅读苏东坡的作品，而是从台湾女作家三毛的书，学到了一首让我非常欣赏的诗。三毛的书《撒哈拉的故事》封面上有一首诗，写的是：

人生到处知何似，恰似飞鸿踏雪泥。

泥上偶尔留指爪，鸿飞那复计东西。

后面还有一行字，写的是"三毛流浪西班牙"。

《撒哈拉的故事》写的是三毛和她的丈夫荷西在撒哈拉沙漠的故事。书的封面是有人牵着骆驼走在风沙中。把这首诗和沙漠联系在一起，让我想到浪迹天涯是多么美好浪漫又富有挑战性的事情。我也向往长大了以后要和三毛一样到世界去旅行，到处去看看。

于是我把这首诗抄在随身的小笔记本里，和其他我喜欢的诗词放一起，在等公交车的时候，偶尔拿出来翻一翻，读一读，自然而然也就会背了。

这首诗里讲到的人生哲理，我在那个年纪自然是不大明白，但是我喜欢那句"人生到处知何似"，好像是说：人生到什么地方都可以生活。像什么呢？像大雁踏在积满雪的泥地上。那大雁的足迹经过大雪覆盖，然后什么都看不见了。而且，你说这里真的有大雁飞过吗？大雁的足迹没有了，大雁也不知飞到哪里去了。好像热闹欢腾一场之后，一切烟消云散。像是节庆放的烟火，炸裂出璀璨光明，可璀璨光明之后，就什么都没有留下。想起来好像有一点悲哀，可是那淡淡的忧伤，正是少女情怀的我所心仪，而且自我陶醉其中的呢。

我一直以为这首诗是三毛写的。直到我看了林语堂的《苏东坡传》。

林语堂的《苏东坡传》是用英语写的，原书名是 *The Gay Genius: The Life and Times of Su Tungpo*（《愉悦的天才：苏东坡的生活和时代》），我看的是宋碧云的翻译本。在《苏东坡传》里讲到苏东坡和他的弟弟，提到了这首诗。我才发现，我之前记诵的，和苏东坡的这首诗有几个字不一样。苏东坡的诗是：

> 人生到处知何似？应似飞鸿踏雪泥。
>
> 泥上偶然留指爪，鸿飞那复计东西。

而且这首诗不是七言绝句，而是七言律诗。后面还有四句：

> 老僧已死成新塔，坏壁无由见旧题。
>
> 往日崎岖还记否，路长人困蹇驴嘶。

"恰似"和"应似"；"偶尔"和"偶然"，意思感觉好像是一样的。但是仔细品味，其实还是有所出入，我们后面再讲。现在先来说这首诗的题目《和子由渑池怀旧》。

"和"就是"唱和"的意思，表示这首诗并不是苏东坡自己先写，而是子由写了，苏东坡才跟着唱和。子由是谁呢？他是苏东坡的弟弟，他的名字叫作苏辙。写《和子由渑池怀旧》的时候，苏东坡还不叫"东坡"，他的名字叫作苏轼。到北宋神宗元丰五年（1082）他46岁的时候，在湖北黄州城东边的坡地上开垦，给自己取了一个号，叫作"东坡居士"，人们才称他为苏东坡。为了叙述方便和一致，我们在这本书当中都称他为苏东坡。

苏东坡和弟弟苏辙的名字

苏东坡出生于北宋仁宗景祐三年，农历十二月十九日，卯时，生肖属鼠，摩羯座。也就是公元 1037 年 1 月 8 日，星期六。咦～苏东坡也和我们一样，喜欢谈西洋星座吗？要不要看看他的 MBTI 是什么呢？

说苏东坡是摩羯座，可不是我算出来的，他自己说过："仆乃以磨蝎为命，平生多得谤誉。"意思是自己的命宫在摩羯座，因此一辈子都经常被小人污蔑毁谤。"磨蝎"就是"摩羯"，是"Makara"的汉字音译，起源于公元前 2113 到公元前 2006 年的古巴比伦神话，随着亚历山大东征，在公元前三世纪传到印度，再随着佛经翻译传到中国。唐代文人就很喜欢讲自己的星座，比如说韩愈，他也是摩羯座。

苏东坡姓苏，名轼，字子瞻，一字和仲，又字子平。"和仲"这个字我们比较少听说，看到"仲"，你可能会想：古人用伯、仲、叔、季来称排行，苏东坡是在家排行老二吗？他们家不就他和弟弟子由两个儿子吗？原来，在苏东坡之前，他还有一个哥哥，叫作苏景先，可惜很小就夭折了。那么，你再看到记载说：苏辙"一字同叔，又称卯君"，你就明白了，因为苏辙在家排行老三，他比苏东坡小三岁，出生于仁宗宝元二年（1039），属兔。按照生肖排列，鼠、牛、虎、兔，对应子、丑、寅、卯，所以属鼠的苏东坡又字"子平"，苏辙是"卯君"。

古人取名字真的非常讲究，何况苏东坡的父亲苏洵也是饱读诗书的人。我猜，在苏东坡和弟弟的正式名字叫作苏轼和苏辙之前，在家里，父母可能都是叫他们子平或者是卯君。因为一直到大约苏东坡十一岁的时候，苏洵写了《名二子说》，才给了他们兄弟俩富有意义的名字。

《名二子说》讲道：

轮辐盖轸，皆有职乎车，而轼独若无所为者。虽然，去轼则吾未见其为完车也。轼乎，吾惧汝之不外饰也。天下之车，莫不由辙，而言车之功者，辙不与焉。虽然，车仆马毙而患亦不及辙。是辙者，善处乎祸福之间也。辙乎，吾知免矣。

车子要靠轮子转动前进；轮子要有"辐"连结轮圈和轴心才稳定；用木杆支撑像伞一样的"盖"，可以遮阳蔽雨，还能显示地位；车厢牢固要靠底部的框架"轸"，这些零件都很重要。至于车子前沿的横木扶手"轼"，是为了保护乘客的安全，扶着"轼"往前看路，所以苏轼字"子瞻"。车轮碾过的痕迹叫作"辙"，"辙"对行车没有很大的贡献，即使发生车祸，也不会被怪罪。"辙"由于车子的行动而产生，因此苏辙字"子由"。

《左传·庄公十年》："下，视其辙；登，轼而望之。"便是苏轼和苏辙名字的典故出处。苏洵观察他们兄弟俩的性格，表达对他们未来发展的期许，苏东坡聪明外显，苏子由含蓄内敛，父亲比较不担心弟弟，提醒苏东坡要懂得掩饰隐藏。俗话说，"江山易改，本性难移"，苏东坡一生的跌宕起伏，从他父亲对他小时候的了解就八九不离十了。

林语堂《苏东坡传》

　　林语堂《苏东坡传》的读者对象是西方人，他为苏东坡勾勒了多元的形象，说："苏东坡是一个不可救药的乐天派，一个伟大的人道主义者，一个百姓的朋友，一个大文豪，大书法家，创新的画家，造酒实验家，一个工程师，一个憎恨清教徒主义的人，一位瑜伽修行者，佛教徒，巨儒政治家，一个皇帝的秘书，酒仙，厚道的法官，一位在政治上专唱反调的人，一个月夜徘徊者，一个诗人，一个小丑。"

　　集合这么多类型的工作、身份、兴趣，苏东坡首先在读者的心目中建立了平易近人的印象，也就是"吾上可以陪玉皇大帝，下可以陪卑田院乞儿，眼前见天下无一个不好人"，从天神、帝王到乞丐，在苏东坡的眼里都是可以结交的好人，难怪人见人爱，花见花开。我尤其喜欢他说苏东坡是"不可救药的乐天派"，积极乐观，充满正能量，在我自觉悲感的生命观底层洒上了七彩的金粉。

　　后来我研究苏东坡，发现林语堂的《苏东坡传》有些内容不靠谱，甚至于还有一些硬伤，所谓的低级错误。比如讲到王安石变法，提到范仲淹是反对派。其实王安石变法的时候，范仲淹已经去世了，哪里有范仲淹什么事？又说，苏东坡的祖父苏序目不识丁，其实苏序读过书，也会写诗，晚年由于儿子苏涣（苏东坡的伯父）登朝做官而受赠大理评事。苏东坡也不是什么"瑜伽修行者"，他练的不是盘曲身体的瑜伽；也不是佛教派别的瑜伽，而是道教的静坐调整呼吸。此外，在法会施食饿鬼的《瑜伽焰口召请文》，其中有"北去銮舆，五国冤声未断"的句子，说的是宋徽宗被金人掳去北方，那时苏东坡已经不在人世。

　　林语堂虽然指出《苏小妹三难新郎》之类，苏东坡的妹妹苏小妹嫁给他的门人弟子秦少游的故事并非史实，苏东坡没有妹妹，苏小妹是虚构的人物，但是林语堂自己也虚构了苏东坡和堂妹的恋情，还像写小说一样绘声绘影。

　　他写堂妹是苏东坡的初恋情人，是伯父的女儿，两人的近亲关系使得他们不能够结为连理。苏东坡一辈子都爱恋着堂妹，当他得知堂妹去世的消息，悲伤不已，为堂妹写祭文。后来林语堂还在报上大写文章《苏东坡与小二娘》，想考证苏东坡和堂妹的恋情，其实理由非常不充分，达不到学术水平。他说苏东坡住在堂妹家，但是只和堂妹的公公写诗来往，丝毫不提堂妹的丈夫，可见心里有瓜葛，这真是太八卦了！我查了一下，堂妹的公公是苏东坡的朋友，住在堂妹家，公公是长辈，当然要礼尚往来。也有学者从这里考察林语堂个人的私生活，认为林语堂特别要挖苏东坡的这个八卦故事，其实是有自己的秘密。

总而言之，林语堂的《苏东坡传》当成小说来看看还可以，一些内容就不必当真了。毕竟林语堂不是学者，书是在20世纪40年代在美国写的，手边资料也许不够充分，又为了要增加读者的阅读兴趣，加油添醋可能难免。

如果要推荐苏东坡的传记，比较可靠的是李一冰的《苏东坡新传》，以及王水照和崔铭的《苏轼传》。

风雨对床兄弟情

2017 年，北京清华附小 2012 级 4 班的学生们统计了苏东坡作品中的高频词，最常出现的，就是"子由"，其次是"归来"。的确，除了文章书信，苏东坡和弟弟互相寄赠唱和的诗词有近二百首。

苏东坡和弟弟从小一起长大，形影不离。我可以想象活泼好动的苏东坡在前头奔跑，弟弟子由在后面追随。他们一起游玩的地方，比如四川眉山市东边的蟆颐山，正月初七，他们会去那里踏青。蟆颐山上的蟆颐观现在还立有"苏洵求子处""苏洵手植树"的丹书石碑。

仁宗嘉祐元年（1056）三月，苏洵带领苏东坡、苏辙赴京师（今河南开封）参加考试，他们行到河南崤山，骑的马死了，只好骑驴到河南渑池，暂住在奉闲和尚的庙里，奉闲和尚见他们兄弟俩青年才俊，请他们在墙上题诗，这就是《和子由渑池怀旧》的旧事。

他们父子三人在京师，待了 11 个月，过关斩将，苏东坡荣登乙科第四甲，赐进士出身。可惜喜事还没有让他们欢快多久，就听到苏东坡的母亲程夫人在家乡去世的消息，于是赶紧回乡奔丧。

守丧结束，嘉祐四年（1059）十月，他们再度出发前往京师。这一次走的是水路，经过三峡，一路游赏山水，作诗唱和，后来这些诗篇编入了《南行集》。

抵达京师，参加仁宗皇帝亲试于崇政殿的制科考试。制科考试不定期举行，程序比科举考试要繁琐。参加制科考试的人员由朝廷中的大臣推荐，然后参加一次预试。最后，由皇帝亲自出考题。

宋朝总共三百多年的历史，科举考试录取了 4 万多名进士，制科考试只进行过 22 次，成功通过的人只有 41 个人。制科考试分第一等、第二等、第三等、第三次等、第四等、第四次等、第五等，第一和第二等为虚设，第三等是最高等。通过制科考试的 41 人中，只有苏东坡考上第三等，苏辙考上第四等，你说厉不厉害？连考运不如儿子的父亲苏洵也只能感叹："莫道登科易，老夫如登天；莫道登科难，小儿如拾芥。"怎么我考试就像登天那么难，我的两个学霸儿子像捡拾芥菜一样简单呢？

弟弟留在京师照顾父亲，苏东坡走马上任，要前往陕西凤翔府担任节度判官，职位相当于现在的副市长，与府州长官共同处理政务，掌管粮运、农田、户口、水利和诉讼等工作，由皇帝直接委派，辅佐郡政，有直接向皇帝报告的权力。

25年来，苏东坡第一次和弟弟分离，子由送哥哥到了郑州西门之外，不得不折返京师。两人一分别，苏东坡马上写了一首诗寄给子由，是现存苏东坡为弟弟写的第一首诗。诗的题目很长：《辛丑十一月十九日既与子由别于郑州西门之外，马上赋诗一篇寄之》，详细记录了那天是嘉祐六年（1061）十一月十九日，这首诗如果是发在现在的朋友圈，大概就是会标注子由，而且在郑州西门打卡呢。诗的内容是：

不饮胡为醉兀兀，此心已逐归鞍发。

归人犹自念庭闱，今我何以慰寂寞。

登高回首坡垄隔，但见乌帽出复没。

苦寒念尔衣裳薄，独骑瘦马踏残月。

路人行歌居人乐，童仆怪我苦凄恻。

亦知人生要有别，但恐岁月去飘忽。

寒灯相对记畴昔，夜雨何时听萧瑟。

君知此意不可忘，慎勿苦爱高官职。（自注：尝有夜雨对床之言，故云尔。）

　　大意是说：我没有喝酒，为什么好像喝醉一样昏昏沉沉呢？那是因为我的心已经随着你回去的鞍马而一路相送。你因为要服侍父亲，必须和我分开，但是我自己一个人如何安慰自己的寂寞呢？一路上走到高处，回头看到坡垄间，你戴的乌帽忽隐忽现。我想到天气这么寒冷，而你穿的衣服那么单薄，一个人骑着那匹瘦马，在熹微的月光下行走。我正要去陕西凤翔当官，一路上人们都很开心欢乐，跟随着我的童仆问我："为什么这么愁眉苦脸呢？"我也知道，人生难免有别离，但是唯恐时光匆匆，我们不知何时才能再相见。我想到我们为了考取功名，刻苦读书，那个风雨交加的寒夜，我们一起读韦应物诗，读到这句"宁知风雨夜，复此对床眠"，约定以后一定不要贪恋高官职位，希望早点退休，相聚终老。

子由收到诗以后，想到哥哥的行程，可能走到渑池了吧？于是写下《怀渑池寄子瞻兄》：

> 相携话别郑原上，共道长途怕雪泥。
>
> 归骑还寻大梁陌，行人已度古崤西。
>
> 曾为县吏民知否？旧宿僧房壁共题。
>
> 遥想独游佳味少，无方骓马但鸣嘶。

苏东坡的《和子由渑池怀旧》就是这首诗的回信，我们看到两首诗的押韵字泥、西、题、嘶是一模一样的，这就是唱和。雪泥鸿爪的"雪泥"原来是子由先写的，他提到两人各分东西，哥哥可能已经度过了崤山，现在大概到了渑池。我曾经有机会到渑池做官，不知道当地的老百姓是否记得？我们曾经在僧人的房间墙壁上一起题诗，我想到你一个人去凤翔，没有我做伴，一定少了很多乐趣。仿佛听见你骑的马不知方向地嘶鸣着。

苏东坡回答子由的询问，说：

老僧已死成新塔，坏壁无由见旧题。

往日崎岖还记否，路长人困蹇驴嘶。

时隔五年，变化真大。奉贤和尚已经圆寂了，我们曾经住过的地方，墙壁颓坏，题诗也找不到了。你还记得我们当时走过崎岖山路的狼狈模样吗？道路那么漫长，我们那么疲惫，骑着跛脚的驴子也茫然地嘶鸣着。

人生的随机和不确定

　　回到我以为是三毛写的诗。我翻阅了几个苏东坡诗集的版本，都没有写成"恰似飞鸿踏雪泥"，这应该是三毛记错了。"恰似飞鸿踏雪泥"和苏东坡写的"应似飞鸿踏雪泥"有什么不一样呢？

　　"恰似"的语气很肯定，肯定人生到处漂泊，居无定所，"正像"是大雁踏在覆盖雪的泥地上。苏东坡写的"应似"，意思是"好像"，不确定。有什么是我们可以紧紧掌握在手中，永远不会失去的呢？我想，不确定的状态，才是人生的真实。因为不确定，才使得随机的"偶然"那么珍贵，那不是数量和频率上计算的"偶尔"，大雁并不知道自己会在哪片雪地上停留，留下爪印。当它再度飞起，风雪中，白茫茫的一片大地，谁也不晓得，大雁飞到哪儿去了？大雁，真的来过吗？

　　很高兴，12岁时的我读的是三毛版本的诗，让我以为人生是可以自己说了算，自己来做主，来去无牵挂。翻看《撒哈拉的故事》，我辗转学了半首东坡诗。从林语堂写的传记，我浏览了苏东坡的一生。

我第一次知道苏东坡，我不知道他将是我人生的精神支柱，等着我，在我人生的不同阶段留下雪泥鸿爪。

【拿来就用】

1. 十二生肖对应天干地支(甲乙丙丁，子丑寅卯)，可以知道古人在家的排行，理解他们名字的意思。

2. 用同样的文字押韵，放在诗句同样的位置上，这就是次韵唱和。

3. 名人传记未必全部属实，要谨慎挑选；或者就当小说来读。

第二章

第一次发现绕不开苏东坡

绕不开，就加入

我初中三年和高中三年读的都是女子学校。

放学时，上千位少女从校门口鱼贯而出，走在人行道上，场面煞是壮观。有时会看见其他学校的男学生等在路边，我也会好奇地对他们多看两眼，很想知道他们在等的是长得怎么样的女生？

如果说小学时我知道的苏东坡就是林语堂说的"无可救药的乐天派"，我特别喜欢看他和苏小妹斗嘴；和佛印和尚斗智的故事，觉得他的搞笑滑稽让生活充满趣味。中学时的我，开始注意苏东坡风流潇洒的一面，也就是遇到什么问题都能够坦然处之，即使遇到挫折，也能够勇于应对，并不怨天尤人。可能是因为中学时候，我开始遭遇考试的失败，觉得自己应该算是努力了，但是结果并不理想。

我从小学二年级开始，作文被老师拿去刊登在学校的校刊上。于是校刊和校外的报纸偶尔会看到我的文章。投稿刊出，好像是顺理成章的事情。但是后来我遇到编辑不欣赏，要我修改稿件；或者是退稿；甚至置之不理的情况。这种直接或者间接的拒绝和冷漠相对，让我不知所措。我重新翻看苏东坡的传记，我想知道，一个人如果想实现什么理想，但是现实却很残酷的时候，可以怎么样熬过自己屡屡想要放弃的那个念头呢？那时，我开始关注乌台诗案前后苏东坡的变化。

幸亏我参加大学的入学考试数学成绩出乎意料的好，让我侥幸考进了台湾大学。那年，由于考题设计有些偏差，对部分答案采取包容给分。于是我获得加分，可以上台湾师范大学历史系。不过，我并不想当中学老师。回想自己在中学时期，为了考试，参加补习，牺牲很多兴趣，也浪费很多时间。

曾经有一次，实在答不出数学题，我在数学考卷的背后随便写了几首发牢骚的句子，也算是打油诗吧。结果被老师发现，没收了我的考卷，还当场打了我的手心。

小时候被鼓励的创作，现在是对我的一种侮辱。

写诗这件事形成了我心头的阴影。那意思是说：行有余力，则以学文，你连基本的数学都不过关，怎么去学文？写诗？真是个笑话！想到以后，如果师范大学毕业要去当中学老师，我实在没有把握自己能够和学生一起安然度过那段青春炸裂，彷徨叛逆的时期。我最爱的，还是文学。我选择了不加分，留在台湾大学中文系。

没想到，我进了中文系，得到的第一个震撼是，老师说："中文系是培养学者，不是培养作家的。"虽然课程里有习作课，一个学期交一篇作品，那也只是陪衬而已。那些作业，是为了得到成绩，老师也没有教我们怎么写。这样的失望，让我怀疑我对中文系的幻想，实在太天真。

大学四年级，周围的好朋友几乎都在准备考研。我在学校对面，找到了一家图书出版公司，一星期只有几个小时上课，其他时间我都在出版社工作。

从高中开始，我就担任学校的刊物编辑。编辑工作对我并不费力；费力的是，我虽然上过中国美术史的课，对于现当代的水墨画家并不熟悉。老板问我：

"会不会写旧体诗?"我说:"写过两首。"于是我马上被录用了。

我并没有说谎,我就写过两首旧体诗,上学期一首,下学期一首。

老板分派给我的工作,是为绘画作品定题目和写诗。当时我并不知道这个专有的名词叫作"题画诗"。我到图书馆查阅可能有用的资料,才晓得,原来为绘画写诗,而且写在画面上,这是东方美术的特色。在西洋油画上面,连签名都比较少,何况是写完整的诗句呢?为了应付工作,以及纯粹的好奇,我开始收集关于题画文学的资料。这时,苏东坡又进入了我的视线。

在出版社下班以后,过个马路,回到校园。我去图书馆找正在苦读的同学,等他们和我一起吃晚饭。在图书馆不让聊天,我也就找个位子,随便拿一本书来读。

我读的是叶庆炳老师的《中国文学史》下册。中国文学史课只上到唐代文学,下册从宋代文学开始,我的课本一片空白。我想:这上下两册书,我只读了一册就要毕业了，花了钱买书，竟然一眼都没读，真是太可惜了！何况，下册就有苏东坡呀！读着，读着，觉得津津有味。发现不为什么成绩、考试而读书，也不是为了应付工作而读书，真的是一件很幸福的事情。

抛开工作上的烦恼，一头栽进古代文学的世界里，那样怡然自得地穿越，现在叫作"心流"的状态，使我暂时得到了心灵的安顿。读着，读着，好友问我："既然你也读了，要不一块儿去考研？"我想，也好。我虽然喜欢出版社的工作，也还没决定毕业以后是否就留在原公司。于是，我从陪读到陪考，到榜上有名。

读硕士期间，正好遇到台湾"解严"。报纸不但不再只有三张纸，内容可以更加丰富而多元。我有机会被推荐到《中央日报》，去开设新的版面。这个版面叫作"长河"，可以说是源远流长的文化之河；也可以说就是长江黄河，目的是文化、文学、艺术的知识普及。我构思了一些栏目，比如"名人的童年时代"，请学者专家或是作家为一般读者写历史上的名人是如何度过他们的童年？谈他们的家庭教育对未来发展的影响。

我在《中央日报》工作的时间不长,因为实在分身乏术。

硕士课程经常要求写报告,罗联添老师开设的唐代文学专题课是两周就要做一次书面和口头报告,也就是每次好不容易找到合适的选题,写出了报告,在课上发表,被老师批评之后,马上还要再去找下一次的选题,要求很大的阅读量和知识储备。我在《中央日报》算是个全职的工作,这让我实在吃不消。于是辞去工作,专心读书。

我的兴趣转向美学、哲学、文艺学,以中国美术史和中国文学史为基础,加上之前在出版社工作期间,对于题画文学的收集整理,知道除了郑骞老师、青木正儿先生的单篇论文,几乎没有什么人特别谈过题画文学。既然这是东方美术的重要特色和艺术成就,值得好好探索。我的硕士论文研究清代文人画家郑燮的《郑板桥题画文学研究》(后来修订补充为《三绝之美郑板桥》,台北花木兰出版社,2009年出版)就这样应运而生。论文的一部分还曾经参加中文系的学术论文比赛,获得特优奖的鼓励,这让我信心倍增。

没有时间在报社工作，我接的零碎的活儿，是为广播电台和公共电视台写稿。台湾开放民众去大陆探亲，我供稿的传播公司规划去大陆拍摄中国古典诗词当中的锦绣河山。我对这个主题非常感兴趣，觉得是自己能够结合书本上学习的内容和写作的能力，呈现在影片中，普及文化教育和历史知识的最好机会，于是一心想毕业以后投身电视节目制作工作。

我的硕士论文指导教授曾永义老师却不以为然。他认为我去做电视节目抛头露面是大材小用，应该继续读博士，好好把题画文学彻底研究通。我想：与其抗辩，不如顺从。就给老师一个机会，证明我不是做学术研究的料，没那个命吧？

所以我又随大流，去考博士班了。这次的心态比考硕士的时候更为轻松，觉得未来就是要走媒体这一行，回到我高中时就想要做的人生方向。

从郑板桥到苏东坡

应了那句"无心插柳，柳成荫"，我又机缘巧合，侥幸考上了博士班。

这下子，我反而开始惶恐。博士？我从来没想过的。

一位学长提醒我：博士入学容易，毕业难。你得加倍用功，选个对未来学术发展有贡献的研究课题，深挖钻研，做出一番成果，这才配得上博士的头衔和博士教育的使命。

这可怎么好？我考博士时很匆忙地提出的研究计划，其实心里没有底。

写硕士论文《郑板桥题画文学》的时候，经常看到郑板桥提起苏东坡，好像自诩是苏东坡的继承人。又偶尔夸口，觉得自己几乎超越苏东坡。例如郑板桥检讨自己写字作画的意义：

写字作画是雅事，亦是俗事。大丈夫不能立功天地，字养生民，而以区区笔墨供人玩好，非俗事而何？东坡居士刻刻以天地万物为心，以其余闲作为枯木竹石，不害也。

读书人如果不能在政治上有所作为，成就一番功业，造福百姓，只写画一些让人欣赏的笔墨作品，岂不是俗事吗？这时，他端出苏东坡作为榜样，说苏东坡时时刻刻关怀天地万物，苏东坡画的枯木竹石只是空闲时候的个人兴趣，并不妨碍贡献朝廷。

他仔细观察分析苏东坡画竹的特色，认为"东坡画竹如写字"，是用写书法的笔法来画画。苏东坡的作品具有深刻的寓意，比如"东坡画兰，长带荆棘，见君子能容小人也"。

郑板桥还喜欢和苏东坡一较高下，他自夸说自己画的石头比苏东坡画的还灵活。

昔东坡居士作枯木竹石，使有枯木石而无竹，则黯然无色矣。余作竹作石，固无取于枯木也。意在画竹，则竹为主，以石辅之。今石反大于竹，多于竹，又出于格外也。不泥古法，不执己见，惟在活而已。

米元章论石，曰瘦，曰绉，曰漏，曰透，可谓尽石之妙矣。东坡又曰："石文而丑。"一"丑"字则石之千态万状，皆从此出。彼元章但知好之为好，而不知丑劣之中有至好也。东坡胸次，其造化之炉冶乎！燮画此石，丑石也，丑而雄，丑而秀。

郑板桥比较了宋代的文人书画家米芾（元章）对石头的评价，指出米芾只知道石头之美，不知道丑的石头也有好的。这一点，苏东坡就比米芾高明；而郑板桥自己就是如苏东坡的审美观点一样，画的石头虽然丑，但是其中自有雄健秀美的特殊韵味。

梳理中国题画文学发展的时候，我也发现绕不开苏东坡。王维虽然被推举为中国文人画的始祖，可是文人画（士人画）这个词是苏东坡首先说的。思想观念的建构、作品的形成，以及传世可见的笔迹，都在显示苏东坡对于中国美术创作和评价体系的深远影响力。

那么，既然绕不开，就加入吧。我从苏东坡的人生轨迹和文学艺术创作经历，艺术理念的演变着手，洋洋洒洒写了三十万字的博士论文《苏轼题画文学研究》，（1995 年完成，1999 年修订补充，由台北文津出版社出版），从此，我成了研究苏东坡的学者。

不知题画文学不知东方书画艺术

从大学四年级在出版社从事美术图书的编译工作，我就有个困惑：老板为什么要我为那些本来没有标题的画作编一个画题？为那些没有题诗的画作加上诗句呢？编写画题的目的我明白，画家在展览或者是出版图录的时候，总不能每一幅画都写"山水"吧？山水一、山水二……没完没了。观众可能也是，看了半天，丈二和尚摸不着头，不晓得画家到底要表达什么意思？编写题目难不倒我，我看到绘画的图像，凭直觉想一个标题，或是摘录古诗词当中的句子，希望观众看了标题，和画作联想在一起，得到诗情画意的效果。

可是，本来古典诗写得就不多的我，要为绘画作品创作诗句，就有些词穷了。明明已经画得很好的，为什么还要写一些字在上面呢？这样是增加画面的意涵？还是可能破坏画面呢？我思前想后，发现这原来是中国绘画的历史传统使然，从中国东传到亚洲其他国家，东方绘画中，经常都有题诗落款的习惯。以前的画家饱读诗书，自己创作诗歌不成问题。现在职业技能分工，绘画卓越的艺术家也未必能写出像样的诗句，这就是老板要我这个中文系出身的编辑来提供服务的地方。

这意思是说，如果一幅画上面没有题诗落款，就仿佛是不完整的。即使明白这是一种传统习惯，到了20世纪，为什么这个习惯不能调整呢？也就是说，这是一种对于水墨画的审美定式，他要求诗歌、书法、绘画在同一个二维平面上同时出现，给予观者既有视觉方面的美感，又有文字意义的深度。这促使我后来创发了研究文本和图像的"文图学"（Text and Images Studies）。

过去我们比较只从器材工具方面来解释，为什么东方美术把诗书画三绝作为最高的艺术标准和境界探求。意思是：和西方不同，东方的水墨画是用毛笔蘸墨，写在画在纸上，绘画和写字用的基本上是同一套工具。尽管在细分上面，可能写字和画画的毛笔不完全一样；写字和画画的纸也可以区别。但是大体来说，如果不讲究，也是可行的。这和西方的油彩或是壁画有很大的不同。

况且，西方很多的艺术家是受委托而创制艺术品，他们虽然是创作者，但是不一定可以轻易在自己的作品上面留下文字的记录。很多东方的艺术家，不一定是职业艺术家，他们可能就像苏东坡、郑板桥一样，主业还是为朝廷工作的官员，公务之暇，写写画画作为消遣。他们的作品，很多都是为了自娱，而不是商品。郑板桥为自己的画作明码标价，在当时是相当特殊，也引起非议的。因此，文人画家具有一定的自主性，高兴在自己的画作上写什么涂什么，自己可以决定，这是东方艺术比西方画家还自由的一点。

工具相近、创作自主，为画上题诗提供了有利的条件，还有一个要素很少人注意到，诗书画和谐融通于同一画面，取决于汉字的视觉性质。研究文图学，我发现汉字并不是一般说的"表意文字"（ideography），而是视觉文字（visual text），视觉文字的线条符号写在画面上，达到既表形象，又传意义的效果，详情请见本书第五章。这里集中谈题画文学。

前一章我们说到苏东坡和弟弟分离，到陕西凤翔府担任节度判官。他在凤翔有机会欣赏到一些古文物和文化景观，写下了《凤翔八观》诗。《凤翔八观》之一的《王维吴道子画》虽然不是直接写在画面上，一样也可以归类为题画文学。《王维吴道子画》中，关于王维画竹，苏东坡写道：

门前两丛竹，雪节贯霜根。

交柯乱叶动无数，一一皆可寻其源。

意思是：王维画的竹子虽然看起来竹叶交叉凌乱，但是乱中有序。两丛竹子，由根到节到叶，都可以看出严整的逻辑条理。

这样的题画文学写作状态，我称之为"有一说一"，就是将所见直接用文字记录下来，没有多余的部分，这是最基本的常见写作形式。

苏东坡受到父亲苏洵喜欢欣赏和收藏书画文物的影响，耳濡目染，也对题写艺术品文物越来越上心。

起初"有一说一"的题画文学写作状态，逐渐提升，到了"有一说二"和"说一又别是一"的写作状态。我们之后再来看他在神宗元丰八年（1085）49岁时写的两首诗。

绘画的流传和保存不易，我们现在读的很多题画文学不能确定是不是直接写在画面上，也找不到原画作来印证。如果作品的题目不够清楚，或是读者没留言这实则是题画文学，就会像清代的文人毛奇龄读苏东坡的《惠崇春江晚景》，闹了大笑话。

为什么是鸭子先知？鹅不知吗？

毛奇龄有一天和朋友谈诗，他的朋友说："春江水暖鸭先知，这句诗比唐代的诗还好。"

毛奇龄说："这句诗其实是仿照唐代的，但是仿得不够好。唐代的诗人有句诗是'花间觅路鸟先知'，人在找路，更熟悉花间，飞在天空的鸟，比人更能够找到路。而在水中游泳的鸟类都知道水的冷暖，说'鸭先知'，道理不通啊！"

毛奇龄忘了"春江水暖鸭先知"是出自苏东坡的《惠崇春江晚景》吗？这是一首题画诗，僧人画家惠崇擅长画小幅的山水花鸟，称为"小景"，所以这首诗的题目又叫作《惠崇春江晓景》，有人认为"晓景"并不是指早上的风景，而是指小幅绘画的意思。

竹外桃花三两枝，春江水暖鸭先知。

蒌蒿满地芦芽短，正是河豚欲上时。

苏东坡的视线先是浏览画作的布局，竹林外开了两三枝桃花，暗示这是初春时节。接着聚焦在游水的鸭子，看鸭子惬意的模样，水应该暖和了吧？江边长满了茂盛的蒌蒿，芦苇也发出了嫩芽，配料蒌蒿和芦芽都准备好了，正等着河豚鱼从大海游回江里，人们将它卖到市面，端上餐桌呢。

　　为什么是鸭子先知春江水暖？因为画上就画了鸭子游水呀！这首题画诗里，描写的竹林、桃花、江水、游鸭、蒌蒿、芦芽，都是画面上呈现的物象。就是写出了"有一"。而河豚是苏东坡的想象，也就是"说二"。除了叙述画上画了什么，作家还"不粘画上发论"，联想到画幅没有的内容，给予人新鲜活泼的印象。

　　《惠崇春江晚景》一共有两首，第二首是：

　　　　两两归鸿欲破群，依依还似北归人。

　　　　遥知朔漠多风雪，更待江南半月春。

这首写的是《飞雁图》，讲的是春天来了，大雁北返，画面上有几只大雁不大合群，像是舍不得回去北方的人们，听说遥远的大漠现在还是风雪纷飞，要不，我们在江南再多停留半个月？

这首诗比第一首想象力更丰富，作者把自己带入了画上的飞雁情绪，想象大雁对于江南还有依恋，不想随着大队伍回到北方。这可以说完全超出了惠崇绘画的范围。惠崇画出了大雁的状态；苏东坡则进入大雁的内心，注入自己的思绪。不只是像第一首"不粘画上发论"，简直是"天外飞来一笔"，画外生出新意。这就是"说一又别是一"的例子。题画文学写到这样水平，绘画不仅给予人视觉的美感，还带入了思想精神的层面。我在我的博士论文《苏轼题画文学研究》特别关注苏东坡的书写方式，他开启了题画文学的写作高度，也让书写的艺术性层次更丰富。

你一天当中说了多少苏东坡创的成语？

我发现绕不开苏东坡，还有一个侧面，就是苏东坡为汉语创了许多成语。这些成语现在已经在我们的日常生活经常使用了，比如我们问一个人对于这件事情是否有把握？他可能会回答："胸有成竹。"一位检察官在调查案件的时候会说：一定要查个"水落石出"。上一章我们讲到《和子由渑池怀旧》，也衍生出了成语"雪泥鸿爪"。

根据李曼的硕士论文研究，"苏轼所创的成语有152条，包括其自身原创以及后人略有改动的成语。其中四字格成语有142条。"为汉语贡献成语最多的前40位古代作者或著作，苏东坡在文人中仅次于韩愈。

这么多丰富的成语，显示出苏东坡的创意。人们会直接使用苏东坡诗词文章中衍生出的成语，是因为苏东坡的作品影响力大，覆盖范围广，读者群众多。读者们在阅读他的作品之后，自然而然接收他凝炼又富有解释力、感染力的文字，形成了成语。这些成语虽然是从苏东坡的古典诗词文章出来，但也已经融入了我们的现代口语汉语当中，让我们的口语汉语不只是大白话，还能够融入精炼的内容，深刻的含义。每每我在阅读苏东坡的作品时，会赫然发现：啊，原来这些我们平常说的成语，是来自苏东坡的这篇文章或是这首诗啊。即使不读他的作品，他的渗透力那么强，我们怎么绕得开呢？

【拿来就用】

1. 为绘画题写文学作品是东方美术的特色精华，无论是否直接写在画面上，都算是题画文学。题画文学为视觉艺术增加了精神思想的层次，值得我们好好关注。

2. 题画文学的基本写作形态有

（1）有一说一：画上画什么就写什么。

（2）有一说二：说出画上画了什么？还联想到其他的内容，增加画面的想象力。

（3）说一又不是一：将自己融入画中，替画中景物发表情感思想，寄托情志。

3. 将题画文学的基本写作形态用在欣赏艺术品和参观博物馆。

（1）有一说一：指出艺术品/文物的外在形态、艺术风格和视觉美感。

（2）有一说二：除了外在形态和风格，还加上自己的解读推演。

（3）说一又不是一：以艺术品作为表达个人情志的载体，投射自我，用眼睛观看，也用心灵冥想。

第三章

第一次想追随苏东坡

兴风作浪的西湖

1990 年第一次我去大陆，之前听到很多真真假假的消息，我都觉得无所谓。两岸隔离四十多年，亲人终于能够见面，这是比什么都难得珍贵的事情。我的父亲来自山东，我的第一次大陆之行没有到山东，心里想的是自己先去其他地方体验一番，之后再陪父亲返乡探亲。吃饭上厕所这种生活习惯的差异，必须自己调适，顶多多带些吃食和卫生纸罢了。

我运气不好，在上海迷路掉了队，去解放军医院求诊，在苏州狮子林掉了照相机。

我低下身看玻璃柜里的纪念品，正指着其中一件，请店员拿给我看，才发现随手放在柜台的相机不见了！店里人都说没有看见我带着相机；同行的朋友来问发生了什么事？当然是找不到了，怪我自己疏忽。那趟旅程一部分的照片都付诸东流。更麻烦的是，我入境的时候被问带了什么东西？登记带了一架

Pentax 的相机。同行的朋友提醒我，应该去报案，不然说你把相机卖了，这可能又有麻烦。

到杭州的时候，我身心俱疲，已经没有游兴了。偏偏，还遇到了大台风。

巴士在风雨中破水前行，偶尔还要避开倒下的树木和残枝，我望着雾茫茫的窗外，一瞬间，看见了"苏东坡纪念馆"的建筑和招牌。

啊！这里有苏东坡纪念馆！

我顾不得车子还在行驶，赶紧冲到司机旁边，对他说："能不能停一停？我要去看一下苏东坡纪念馆。"

他没好气地把右手抬了一下，朝后挥一挥，说："坐好！坐好！没看到刮大风下大雨吗？看什么纪念馆？全都关了！"

我说："关了没关系，我在门口外头瞧瞧也行。"

他说："有什么好瞧的？"

我正要再开口，他又把右手抬起来，朝后挥一挥，说："回去坐好！"

我悻悻然回到座位。这就是苏东坡比作西子的西湖啊？怎么像是法海施咒的水漫金山？"望湖楼下水如天"，这水，是天泼洒下来的啊！

那一晚，我彻夜难眠。

我的旅店外，就是苏东坡曾经走过的路。我要漫步他曾经修筑的苏堤，乘着小舟，游荡在三潭印月。

好不容易来到杭州，迎接我的，竟然是这样的西湖。

没有意外的惊喜，只有意外的惊吓。

是否苏东坡在杭州的时候，没有遭遇过台风？

除了杭州，还有多少地方有苏东坡纪念馆？苏东坡究竟去过了哪些地方？游历过哪些山水？欣赏过怎样的风景？我想，我必再来！打开"苏东坡地图"，走他走过的路。

这小小的祈愿，历经三十年，陆续实现。终于，我在2020年出版了《陪你去看苏东坡》，记叙我探访苏东坡家乡四川眉山到临终之地江苏常州的所见所感，对应他诗词文章的描绘，形成一幅穿越古今的画卷。

我是史上第一位走过千里东坡路的女性，正是当初西湖的"兴风作浪"，让我涌动了追随苏东坡的欲望。

最佳西湖代言人

苏东坡在杭州可能没有遇过大台风，没有惊动他。他晚年在海南岛则遇过台风，写了《飓风赋》，一说《飓风赋》是苏东坡的小儿子苏过写的。而在他前往杭州途中曾经在洪泽湖遇到大风，写了《发洪泽，中途遇大风，复还》诗，说"洪泽三十里，安流去如飞"，船行受阻，只好折返，他的心情倒还平静，说"我行无南北，适意乃所祈"，看来苏东坡对于到杭州赴任，抱持的是期待合乎自己心意的愿望。

苏东坡怎么会到杭州做官呢？我们讲回之前提到苏东坡到陕西凤翔担任节度判官，和弟弟子由分别。子由留在京师服侍父亲苏洵，苏东坡在凤翔三年的任职期满，回到朝廷，父子三人才又团聚。

苏东坡在京师直史馆任职，弟弟子由出任北方军事重镇河北大名府的推官。没过多久，苏东坡的第一任妻子王弗在京师去世了。第二年，父亲苏洵也在京师病逝。于是兄弟俩将苏洵和王弗送回家乡四川眉山安葬。

守丧期满，兄弟俩回到朝廷，这时已经是神宗熙宁元年（1068）。第二年，神宗启用王安石，推行变法改革，兄弟俩的命运从此由于反对变法而自青云跌落尘土，甚至下坠谷底。

宋神宗即位时，年方二十，正是励精图治，摩拳擦掌，准备锐意改革。王安石的变法主张和皇帝的政治理想一拍即合，很快就极力推动各种新的政策。苏东坡并没有完全反对新法，但是对于一味追求富国强兵，以至于与民争利的一些政策很不以为然。他和弟弟都上书皇帝，批评执行新法的人太过功利心，没有照顾老百姓的生活。

与其费尽唇舌，得不到皇帝的认可，在朝廷的政治漩涡中打转，不如暂时离开政治的暴风圈吧。苏东坡请求调任到地方，他被派往杭州，担任通判，通判相当于今天的副市长。苏东坡本来就非常推崇唐代诗人白居易，能够来到白居易曾经担任刺史的杭州，欣赏西湖美景，苏东坡觉得比起在京师，经常因为政治意见不合起冲突，在杭州惬意多了。

他经常参加各种宴饮的场合，许多脍炙人口的诗篇，都是醉意醺醺。比如《六月二十七日望湖楼醉书》五首，这一组诗一共有五首，我们一首一首来看。

其一

黑云翻墨未遮山，白雨跳珠乱入船。

卷地风来忽吹散，望湖楼下水如天。

头两句是非常清楚的对仗，"黑云"对"白雨"。天上的乌云，好像泼洒的墨汁，遮蔽了部分山的景色。雨点在灰暗的背景当中，反而呈现出白色，一颗一颗地洒落进船里。这场暴雨下得非常快，突然一下子从地上卷起了一阵风，雨就停歇了。从望湖楼看去，西湖一片平静。

其二

放生鱼鳖逐人来，无主荷花到处开。

水枕能令山俯仰，风船解与月裴回。

苏东坡在《杭州启度牒开西湖状》中讲道，宋真宗天禧年间（1017—1021），治理杭州的王钦若奏请不准百姓在西湖捕鱼捉鸟，以作为为皇帝祈福的放生池，所以人们经常在西湖放生鱼鳖。这些鱼鳖并不怕人，坐在船上游湖就可以看到自然生长的荷花到处开放。躺在船上面，好像周围的山也随着水波上下起伏。风吹动着船，抬头看月，好像随着船的漂浮而在天空游移。

其三

乌菱白芡不论钱，乱系青菰裹绿盘。

忽忆尝新会灵观，滞留江海得加餐。

黑色的菱角和白色的芡实，像是不花钱似的，多得很。青色的菰米像随意包裹在绿色的盘子里。诗人突然想起来曾经在京师的会灵观品尝那一年新收成的谷物。如今身在江南杭州，只能努力多吃一些，照顾好自己。

其四

献花游女木兰桡，细雨斜风湿翠翘。

无限芳洲生杜若，吴儿不识楚辞招。

坐在木兰船上的少女，不顾风雨湿透了他们头上的发饰，还是继续采着荷花。在广阔的沙洲上生长着杜若香草，她们没有楚辞《离骚》的苦闷，只有生活的愉悦。

其五

未成小隐聊中隐，可得长闲胜暂闲。

我本无家更安往，故乡无此好湖山。

我没有办法直接隐居山林，只能学白居易一边做官，一边隐居，叫作"中隐"。白居易的《中隐》诗说："大隐住朝市，小隐入丘樊。丘樊太冷落，朝市太嚣喧。不如作中隐，隐在留司官。"得不到长久的闲居，至少暂时的闲居也是聊胜于无。我本来就是居无定所，我的家乡没有像西湖这么优美的景致。

这五首诗分别描写了西湖的骤雨，百姓放生祈福的习俗，湖里天然的美食物，摘采荷花的少女，以及苏东坡自己的半隐居生活，这些淳朴的民风，丰富的物资，优美的画面，使得苏东坡徜徉其间，"乐不思蜀"。

说苏东坡"乐不思蜀"，也不准确。他和弟弟料理完父亲的丧事之后，再度回到京师，从此再也没有机会回到家乡。因此他才说"我本无家更安往"，真的是"处处无家处处家"。

《饮湖上初晴后雨二首》也是在西湖上喝酒之后写的名篇。

其一

朝曦迎客艳重冈，晚雨留人入醉乡。

此意自佳君不会，一杯当属水仙王。（自注：湖上有水仙王庙。）

早上的晨曦在映照重重的山岗，闪耀着光彩，仿佛在迎接客人。到了傍晚，因为下雨，又让游客逗留在湖上，不知不觉，越饮越多，进入了酣醉陶然的状态。这样的美好的意趣，如果不是待在湖上一整天，看过晴天和雨天的风景，大概很难体会。而一般人只喜欢晴天，不知道雨天也有佳趣。我向坐镇西湖边的水仙王再敬一杯酒，水仙王日日欣赏着西湖晴雨。

其二

水光潋滟晴方好，山色空蒙雨亦奇。

欲把西湖比西子，淡妆浓抹总相宜。

波光在水面上面闪耀，晴朗的天气，四周一片祥和。下雨时，朦胧的山峦形成了奇特的景观。我想把西湖比喻成美女西施，无论是画着淡淡的轻妆，还是隆重的打扮，都是非常美好合适。

苏东坡多次把西湖比喻成西施，比如：

西湖真西子，烟树点眉目。(《次韵刘景文登介亭》)

只有西湖似西子，故应宛转为君容。(《次韵答马忠玉》)

东坡原是西湖长

本来只是杭州城西边的湖泊，有了美女西施的比喻，西湖从此别具秀丽，苏东坡宛如西湖的"代言人"。南宋诗人杨万里注意到，苏东坡任官的地方很多都有"西湖"，有诗《惠州丰湖亦名西湖》说：

> 三处西湖一色秋，钱塘颍水更罗浮。
>
> 东坡元是西湖长，不到罗浮便得休。

杭州西湖、颍州西湖、惠州西湖，而且惠州的西湖本来叫作"丰湖"，后来才改名哩。除了这些地方，还有扬州的瘦西湖，在苏东坡还没到杭州之前，嘉祐五年（1060）他自江陵赴京师途中，经过河南许昌，作《许州西湖》诗，头两句就是"西湖小雨晴，滟滟春渠长"，是不是和"水光潋滟晴方好"很像？

苏东坡一生和杭州有两次缘分，第二次是在15

年后，也就是哲宗元祐四年（1089），担任杭州知州，那时他已经53岁了。他和老友莫君陈相聚，有《与莫同年雨中饮湖上》诗："还来一醉西湖雨，不见跳珠十五年。"那"白雨跳珠乱入船"的西湖雨，真是令他魂牵梦萦。

两次任官杭州期间，苏东坡一共写了三百多首诗，其中有160多首都是歌颂描写西湖的，你说，他是不是真的非常迷恋西湖呢？

第二度的西湖缘分，苏东坡发现，本来20%到30%被葑草包围的湖面，如今已经超过一大半都被葑草堰塞住了。于是他上奏请疏浚西湖，将清理出的泥土拿来筑堤，并且在湖中建小塔为标记，不让菱角、芡实等水生植物过度繁殖，影响水质。这就是后来南宋"西湖十景"当中的两个景——"苏堤春晓"和"三潭印月"。

疏浚西湖的工程元祐五年（1090）四月开始，苏东坡写了《开湖祭祷吴山水仙五龙三庙祝文》，祈求吴山、水仙王和五龙王三座庙的神明保佑。在《饮湖上初晴后雨》第一首提到的"水仙王"再度被苏东坡看重。历时 3—4 个月，大功告成，苏东坡又写了感谢三座庙的祝文。

苏堤在苏东坡的诗里称为"大堤"，比如：

我在钱塘拓湖渌，大堤士女争昌丰。

六桥横绝天汉上，北山始与南屏通。（《轼在颍州，与赵德麟同治西湖，未成，改扬州。三月十六日，湖成，德麟有诗见怀，次其韵》）

南起南屏山底，北到栖霞岭下，全长近三公里，连结西湖的南北交通。苏辙在《亡兄子瞻端明墓志铭》中写道："堤成，植芙蓉杨柳其上，望之如图画，杭人名之苏公堤"。在元末到明代画家未详的《西湖清趣图》，我们可以看到行人走在花红柳绿的长堤，十分悠闲。

西湖十景，潇湘八景

现在游览杭州西湖，依然可以看得到西湖十景。虽然苏堤春晓的苏堤和三潭印月的三个塔已经不是苏东坡当时修建的原貌，但是西湖的名字已经和苏东坡紧密相连。西湖十景是：

平湖秋月、苏堤春晓、断桥残雪、雷峰落（夕）照、南屏晚钟、曲院风荷、花港观鱼、柳浪闻莺、三潭印月、两峰插云。

这四个字一组，选取观看风景的方式，源于北宋的"潇湘八景"。潇湘八景是：平沙雁落、远浦帆归、山市晴岚、江天暮雪、洞庭秋月、潇湘夜雨、烟寺晚钟、渔村落照。

西湖十景和潇湘八景，都是把自然山水赋予人文的观照，将时间季节加上人间的活动，组合成四个字一组的画面。把潇湘八景和西湖十景对照起来看，我们会注意到其中有好几个景基本上是类似的，只是具体的景点不一样。请看以下的对照：

潇湘八景	西湖十景
洞庭秋月	平湖秋月，三潭印月
江天暮雪	断桥残雪
渔村落照	雷峰落照
烟寺晚钟	南屏晚钟

你注意到了吗？潇湘八景和西湖十景的主题，大部分都是在黄昏或是夜晚——"暮雪""晚钟""落照""夜雨"和月色。和前面讲的惠崇《春江晚景图》合并起来看，可以发现：在宋代，除了日间的晴朗山水，人们也对白日将尽的时刻和夜晚的风景感兴趣。

《潇湘八景图》的创制画家名叫宋迪，苏东坡就曾经题写过他画的《潇湘晚景图》。宋迪的侄子宋汉杰也会画山水画，被苏东坡称誉为士人画的代表，士人画也就是后来我们通称的文人画。关于潇湘八景和西湖十景详细的研究，请参看我的书《云影天光：潇湘山水之画意与诗情》（北京大学出版社2020年出版）。

苏东坡也经常用眉毛和眼睛来形容西湖之于杭州，他说："杭州之有西湖，如人之有眉目，盖不可废也。……使杭州而无西湖，如人去其眉目，其复为人乎？"那么，1990年我的初次造访，就是见识了西湖的金刚怒目和杭州的花容失色。

后来，我也从品读苏东坡关于杭州西湖的书写，以及研究潇湘八景和西湖十景，反思了：什么是风景？只有风和日丽才是好风景吗？台风天异常的景象，是不是也是一种风景呢？难道只有一帆风顺，才是成功的人生？苏东坡早就说过"淡妆浓抹总相宜"，即使是素面相对，也自有一番景致。

那个辗转难眠的西湖夜，我如果知道，那萌生追随苏东坡的念头，并不是幻想，应该会勇敢走出旅店，探一探西湖的夜景了。

【拿来就用】

1. 西湖十景，就是古人文化旅游的打卡景点。

2. 西湖十景的苏堤春晓和三潭印月与苏东坡有关。苏东坡是古代最佳的西湖代言人。

3. 重视诗情画意的文人画是中国美术的核心，归功于苏东坡倡导。

第四章

第一次做客东坡家

东坡家的月光

我第一次做客东坡家，那天，正好是中秋节。

1997 年 9 月 16 日。

不再是 1990 年时的准博士生，我在两年前完成了博士论文《苏轼题画文学研究》，后来进入学术研究单位，成了苏东坡的研究者。有幸接受邀请，展开我此生第一次的大型国际研讨会学术论文发表。会议的地点，正是苏东坡的家乡四川眉山。

中秋夜，我们在苏东坡的家，现在叫"三苏祠"的地方，坐在竹椅凳上，就着小矮桌，喝茶、吃花生、赏月。

三苏祠是在元代以家宅为基础改建成纪念祠，之后多次扩增修缮，现在三苏祠的殿堂和屋舍大部分是清朝时营建，树木蓊郁，花草纷然，像个幽雅清静的园林。

空气中仿佛能够闻到清淡的桂花香，这里就是苏东坡长大的地方——纱縠行啊。"纱"是材质轻细的丝织品;"縠"是表面不平整的绉纱,"行"就是行业的意思。"纱縠行"可能是从事织品制造、加工和售卖的商业街区。苏东坡家里虽然薄有田产,但是为了要支持丈夫苏洵四处访学游历,苏东坡的母亲程夫人在纱縠行经营纺织生意。

三苏祠有程夫人和苏东坡的姐姐八娘的塑像,这两位是苏东坡结婚之前和他关系最为亲密的两位女性。

十岁之前,苏东坡的教育主要是由母亲来教导。难怪苏洵的《名二子说》要在苏东坡十一二岁的时候才写成,因为他大部分的时间都不在家呀。程夫人出身读书官宦世家,但是愿意为了扛起家庭经济重担,做起买卖,还负责教养子女。苏辙在《亡兄子瞻端明墓志铭》记叙了苏东坡读书的故事:有一天程夫人教苏东坡读《后汉书》的《范滂传》,感慨叹息。苏东坡问母亲:"如果我长大以后也像范滂一样,母亲觉得如何?"程夫人毅然决然地说:"你可以做范滂,我难道不能做范滂的母亲吗?"

范滂是东汉时一位清正廉洁的官员,因为弹劾贪污的权贵而受到排挤污蔑,后来被卷入政治斗争,处以死刑。范滂行刑前拜别母亲,母亲说:"一个人怎么可能又想要获得好名声,又要长寿呢?"儿子求仁得仁,范滂的母亲也大义凛然。

八娘遵循当地亲上加亲的习俗,被许配给自己的表哥。可惜婚后并不幸福,生了孩子,自己也病了。她回到娘家静养,公婆到苏家把孙子带回去。八娘思子心切,好不容易有点起色的病情变得加剧,在18岁的青春年华,八娘就去世了。这件事情令苏洵既愤怒又悲伤,写了《自尤诗》来谴责八娘的婆家,也后悔自己没有给八娘找到好对象。

一边是丈夫,一边是自己的哥哥,夹在中间的程夫人既处境尴尬又左右为难。苏东坡从此不大和程家人来往,一直到了晚年才和解。不知道是不是看到姐姐受到婚姻的伤害,苏东坡对女性总带有一种体恤的心情。他18岁娶了王方的女儿王弗,夫妻俩相当恩爱。

月色朦胧,时有薄云掩盖。我环顾四周,心想:

原来有这么多的人靠苏东坡吃饭那！大家谈起苏东坡，眉飞色舞，如数家珍，好像是跟他结交了一辈子的朋友。我不知道在中国的文学历史中，还有哪几位作家能够让这么多的人为之仰慕倾倒，为之投注时间精力，为之安身立命。

明月夜，短松冈

第二天，我们去苏坟山，祭拜了苏洵和程夫人的合葬墓。他们的墓侧后方是王弗的墓。再旁边，是苏东坡和苏辙的衣冠冢，他们的墓地在河南郏县。

一阵清风吹来。发出沙沙的声响。原来，周围种满了松树。啊，这就是苏东坡悼念王弗的"明月夜，短松冈"！

王弗16岁嫁给苏东坡，随丈夫出蜀，经长江三峡辗转到京师。苏东坡在京师通过考试，王弗又随苏东坡到陕西凤翔。凤翔工作期满，夫妻俩带着长子苏迈回到京师。不久，王弗病逝，年二十七，苏迈才6岁。

苏东坡忍着哀痛写《亡妻王氏墓志铭》，记得两人新婚时，苏东坡不知道王弗通晓文字，她陪着苏东坡读书，竟然有时记性比苏东坡还好。苏东坡形容王弗是"敏而静"，默默在身旁，偶尔将观察苏东坡与人交往的情形分析给他听。那些投机取巧，或是自私自利的人都逃不开她的眼光，后来证明，她说的都是对的。

　　我们对于王弗最深刻的印象，还是她去世十年之后，苏东坡写的悼亡词《江城子·乙卯正月二十日夜记梦》。这年是熙宁八年（1075），苏东坡已经历经杭州通判，在山东密州担任知州。在杭州期间，苏东坡开始大量填词。有了词这种抒情载体，苏东坡的词比起他的诗更为含蓄婉约。这阕词穿梭于过去、现在、梦境和未来，我们一段一段来看。

　　　　十年生死两茫茫，不思量，自难忘。（过去）

　　　　千里孤坟，无处话凄凉。（今）

　　　　纵使相逢应不识，尘满面，鬓如霜。（今）

　　　　夜来幽梦忽还乡，小轩窗，正梳妆。（梦）

　　　　相顾无言，惟有泪千行。（梦）

　　　　料得年年断肠处，明月夜，短松冈。（未来）

　　神宗熙宁元年（1068）苏东坡和弟弟两家人服丧期满回到京师，此后再没有返乡。千里之外王弗的孤坟一直没有得到丈夫探望。经过了十年，即使两人再见面，活着的人已经老了，满面是岁月的痕迹，鬓发也花白了，而去世的人永远停留在那个二十几岁的样子。他在梦境里见到了正在梳妆的妻子，两人重逢，一言难尽，只有相对流泪。"无处话凄凉"贯穿"到泪千行"，每年他还是会想念他的亡妻，痛彻心扉。想着那无法回去的地方，明月照着种了松树的山岗。

　　读到这么深情的悼念词，你可能会想：苏东坡真是个暖男那。可是他怎么那么快地在王弗去世之后三年，又娶了第二任妻子呢？

恩厚义重王闰之

苏东坡的第二任妻子是王弗的堂妹，因为是闰月出生的，名叫王闰之。王闰之当年 21 岁，在古代算是大龄女了。

苏东坡需要一位贤内助。王弗去世之后那三年，苏东坡在家乡，守丧期满，他必须再回到朝廷。这时，已经没有祖父母和母亲的苏迈需要一位继母来照顾她。

我猜想，可能王弗在临终之前，已经想为苏东坡找一个继室。堂妹王闰之那年 18 岁，是适婚年龄。然而，后来苏东坡的父亲去世，他回乡守丧三年，之后才能成婚，于是王闰之嫁入苏家时，已经 21 岁。

在苏东坡为王闰之的父亲王介写的《祭王君锡丈人文》，我们看到他对王闰之的描述："惟公幼女，嗣执蘲筐。恩厚义重，报宜有以。云何不淑，契阔生死。"王闰之不像王弗能读书，她未嫁时在家帮忙干活，婚后是一个操持家务的贤惠妻子。

如果用"心心相印"形容苏东坡和王弗的感情，苏东坡觉得王闰之对他就是"恩厚义重"。后母难为，王闰之却能妥善照顾苏迈和自己亲生的儿子苏迨和苏过，包容爱交朋友、甚至过节都不着家的丈夫。苏东坡第一次任官杭州，才抵达杭州没几天，就急忙去拜访恩师欧阳修介绍的僧人，《腊日游孤山，访惠勤、惠思二僧》说：

> 天欲雪，云满湖，楼台明灭山有无。水清石出鱼可数，林深无人鸟相呼。腊日不归对妻孥，名寻道人实自娱。……

说是问僧求道，实则是自己想娱乐。苏迈13岁，苏迨1岁，苏过可能还在王闰之腹中，宽宏体贴的王闰之是否有怨言呢？我们不知道，不过，看来苏东坡自己觉得过意不去，写诗稍稍责备一下自己，也算是给妻子赔罪吧。

在苏东坡一生的妻妾当中，王闰之相伴他的时间长达 25 年, 历经杭州、密州、徐州、湖州、乌台诗案; 随着苏东坡被贬谪黄州, 之后又辗转在京师、颍州、扬州等地, 最后病逝于京师, 年四十六。苏东坡在《祭亡妻同安郡君文》里称赞她"妇职既修, 母仪甚敦。三子如一, 爱出于天"。感念她为家庭任劳任怨。最后他说: "旅殡国门, 我实少恩。惟有同穴, 尚蹈此言。"让王闰之的棺木暂时安放于京师, 等到自己去世之后同葬在一个墓穴。最后, 苏东坡信守了这个诺言。

天涯何处无芳草

王闰之嫁给苏东坡时,公婆都已经离世,不知道她有没有住过纱縠行老宅。苏东坡婚姻关系中的第三位女子王朝云,是在苏东坡任杭州通判时入苏家当歌妓。

有人以为苏东坡对于姓王的女子特别情有独钟,王弗和王闰之是堂姐妹关系,自然都姓王。王朝云可能是随王弗和王闰之姓,也许他本来是孤女,不知道自己姓什么。朝云进苏家时,年方十二,和苏东坡相差 26 岁,于是有人大做一些香艳绮丽的文字,把苏东坡形容成临老入花丛的痴汉,以为朝云是卖身的雏妓,这些都是大煞风景的耸动胡言。其实,宋代的官员为了公务应酬,需要培养家里的歌妓,并不是什么出格的事情。苏东坡家的歌妓也不止朝云一位,只不过朝云慧黠,善解人意,特别得到苏东坡的欢心。

南宋费衮所著的《梁溪漫志》卷四讲了这个脍炙人口的故事:

东坡一日退朝，食罢，扪腹徐行，顾谓侍儿曰："汝辈且道是中有何物？"一婢遽曰："都是文章。"坡不以为然。又一人曰："满腹都是识见。"坡亦未以为当。至朝云，乃曰："学士一肚皮不入时宜。"坡捧腹大笑。

说苏东坡有一天完成公务回家，吃过饭，摸着自己的肚子慢慢地走。他问旁边的侍女说："你们说说，我这肚子里有什么东西呢？"一位婢女很快地回答"都是文章"。苏东坡不以为然。又一个人说："满肚子都是学问见识。"苏东坡也不认为说得好。到了朝云，朝云说："学士您一肚子和现实利益趋势不相合的想法。"苏东坡听了，捧着肚子大笑起来。

鹤立鸡群，不随波逐流，正是苏东坡的自我期许，也是他几次在官场坚持对老百姓有好处的主张。他和得势的同僚针锋相对、不肯苟同，搞得自己吃尽苦头。朝云是苏东坡的红颜知己，苏东坡被贬谪，遣散了几位家姬，唯有朝云不离不弃，跟着苏东坡去黄州。

在黄州期间被苏东坡纳为妾，生了儿子苏遯，可惜苏遯一岁就夭折了。王闰之去世之后，只剩朝云服侍在苏东坡的身边。苏东坡被贬谪广东惠州，朝云一路相伴，度过大庾岭，重新开始适应岭南的生活。

朝云既然是苏东坡家的歌妓，当然会唱苏东坡填的词。一些笔记丛谈记载了苏东坡在惠州，要朝云唱他的词《蝶恋花》，朝云唱着唱着，泪流满面，无法继续。这阙《蝶恋花》是：

> 花褪残红青杏小，燕子飞时，绿水人家绕。
> 枝上柳绵吹又少，天涯何处无芳草。
>
> 墙里秋千墙外道，墙外行人，墙里佳人笑。
> 笑渐不闻声渐悄，多情却被无情恼。

上片写的是暮春风景，用燕子的视角，看见繁花开尽，几朵零余，那小小的杏子还青涩着，一湾绿水绕过民宅。春风阵阵，吹落柳絮。青草萋萋，蔓延向一望无际的天边。下片用一堵墙来隔阂内外的两个人，在墙外的行人听见墙内的家人荡秋千的笑声，禁不住停下来观望。始终见不到佳人，只听见佳人的笑声渐渐地稀微，直到停止。行人这才懊恼，觉得自己真是自作多情啊。

朝云唱着唱着，哽咽无法继续的是这一句："枝上柳绵吹又少，天涯何处无芳草。"柳絮被风吹散，越来越少，可是往远处看，青草绵绵无际，那么，又何必伤春呢？"天涯何处"，感觉上是疑问句；接着是"无芳草"，又是肯定处处都有。这一句如果直白地写"天涯处处有芳草"，那就太过粗疏，流于俗气了。朝云感慨的，可能是他们的处境。失去的太多，在惠州这个天涯之地，充满勃勃生机、未来希望的芳草，又在哪里呢？带着朝云吃苦，想必苏东坡内心也是百般纠葛，怜惜心疼。朝云的身体不好，在惠州勉强度日，想要唱个曲子来解闷，没想到更是坠入了深深的忧愁伤痛。于是有记载说，苏东坡从此不愿意再听人唱《蝶恋花》了。

苏东坡为朝云写了许多篇的诗词，是他二妻一妾当中，作品最多的一位，大概是两人在岭南相依为命，苏东坡经常有感而发。

罗浮梦，梅花魂

朝云与苏东坡相伴二十三年，哲宗绍圣三年（1096）在惠州去世，年三十四，葬在惠州，苏东坡为她写了悼念诗、墓志铭。还填了《西江月》词：

> 玉骨那愁瘴雾，冰姿自有仙风。
> 海仙时遣探芳丛，倒挂绿毛么凤。

> 素面翻嫌粉涴，洗妆不褪唇红。
> 高情已逐晓云空，不与梨花同梦。

这阕词脱胎自两年前的诗《十一月二十六日，松风亭下，梅花盛开》的后续之作《再用前韵》：

> 罗浮山下梅花村，玉雪为骨冰为魂。
> 纷纷初疑月挂树，耿耿独与参横昏。

先生索居江海上，悄如病鹤栖荒园。

天香国艳肯相顾，知我酒熟诗清温。

蓬莱宫中花鸟使，绿衣倒挂扶桑暾。

抱丛窥我方醉卧，故遣啄木先敲门。

麻姑过君急扫洒，鸟能歌舞花能言。

酒醒人散山寂寂，惟有落蕊黏空樽。

诗和词写的是赏梅花，内含以梅花比喻神仙似的美女，也就是朝云。苏东坡用了传为柳宗元作的《龙城录》中《赵师雄醉憩梅花下》：

隋开皇中，赵师雄迁罗浮。一日，天寒日暮，在醉醒间，因憩仆车于松林间酒肆傍舍，见一女子，淡妆素服，出迓师雄。时已昏黑，残雪对月色微明。师雄喜之，与之语，但觉芳香袭人，语言极清丽。因与之扣酒家门，得数杯，相与饮。少顷，有一绿衣童来，笑歌戏舞，亦自可观。顷醉寝，师雄亦懵然，但觉风寒相袭。久之，时东方已白。师雄起视，乃在大梅花树下，上有翠羽啾嘈相顾，月落参横。但惆怅而尔。

　　故事是说隋朝开皇年间有一个叫作赵师雄的人，他要被贬谪到罗浮，也就是广东惠州。有一天傍晚，天气很冷，赵师雄喝得醉醺醺，在半醉半醒间，他把车子停在松林间的一间酒店旁边，刚好见到一位穿着白色衣服，化妆淡雅的女子出来迎接他。赵师雄和她谈话，这位女子带着清香，言语优美，于是两个人就一起到了酒家喝酒，相谈甚欢。过一会儿，有一个穿着绿色衣服的童子过来，表演歌舞给他们看。后来赵师雄醒了，突然觉得寒风刺骨。他睁眼一看，原来自己是在一棵大梅树下，树上有翠色羽毛的鸟儿正在叫着。月亮已落，参星横斜，天快亮了。赵师雄心中一片惘然。

　　词的"玉骨那愁瘴雾，冰姿自有仙风"，就是诗的"罗浮山下梅花村，玉雪为骨冰为魂"，既描写梅花的外观，也暗指朝云的姿色。苏东坡有《虞美人》词形容朝云"冰肌自是生来瘦"，源于《庄子·逍遥游》："藐姑射之山，有神人居焉。肌肤若冰雪，绰约若处子。"朝云的皮肤像冰雪一样白皙，她之于苏东坡，是上天降下的仙女。

苏东坡虚写了朝云的美和高雅如梅花的性格。接着他把柳宗元作《龙城录》里面的绿色小鸟给写实了。词里的"倒挂绿么凤"，苏东坡在诗当中自己注解："岭南珍禽，有倒挂子，绿毛，红喙，如鹦鹉而小，自东海来，非尘埃中物。"这是一种岭南地区独特的珍稀鸟类，根据清宫《鸟谱》：

> 倒挂鸟（一名绿毛么凤，一名罗浮凤）。倒挂鸟红髻者，白睛，红勾喙。头、项、臆、腹俱作嫩绿色。背膊稍深。翅尾略带浅黑晕。近尾背毛殷红。尾毛之里缥青色。米黄足，其趾前后各两，如鹦鹉趾。此鸟集于树枝，屈体如环，东西相穿，旋转不已。夜则倒挂而宿，在笼亦然，故名倒挂子。

这种鸟类有绿色的羽毛，白红色的勾嘴，睡觉的时候是倒挂着的，所以叫作"倒挂子"，是一种小鹦鹉。有人认为"倒挂子"就是苏东坡《记先夫人不残鸟雀》中提到的珍禽"桐花凤"。文章说程夫人爱护动物，不杀生，鸟雀在苏家的树木低处筑巢，连珍稀的"桐花凤"也飞来了。不过后来考证，区别倒挂子和桐花凤是两种鸟类。

苏东坡刻意用特别的倒挂子来陪衬梅花和朝云，主要还是他在自己注解当中的那句话，"非尘埃中物"，强调和自己同甘苦、共患难的朝云和凡俗的人物不同。

词的最后，"高情已逐晓云空，不与梨花同梦"，"晓云"就是朝云。"不与梨花同梦"用的是王昌龄（一说王建）的诗句："落落漠漠路不分，梦中唤作梨花云。""梨"谐音"离"，比喻爱恋，朝云已经去世，往日的情怀成空，此生再无男女爱恋。

我吃的苏东坡"饭"，真香！

那一晚的月光并非特别皎洁，那一晚的夜色并非特别明丽。我们收拾桌椅，拍一拍身上的花生皮屑，哼着月亮的歌曲，抬眼再瞭望，没望见圆月的踪影。

我追寻的东坡之路，就从东坡老家出发，后来我到了惠州拜谒朝云墓；在海南儋州桄榔庵遗址，认识同来参访的苏迈后人；收到苏洵后人寄送的《眉阳苏氏族谱》……感恩！我吃的苏东坡"饭"，真香！

【拿来就用】

1. 眉山三苏祠已经是国家重点文物保护单位，近年还在附近勘探出土 500 多件宋代到清代的文物。考古得知附近的"苏坟园"是苏东坡孙子苏符和曾孙苏山的墓地。

2. 向人告白如果失利，你们之间只隔着一堵墙。想一想，"天涯何处无芳草"，你就别为那个无情的人烦恼了吧！

第五章

第一次为苏东坡《寒食帖》落泪

把握生命里每一次感动

我第一次见到苏东坡的《寒食帖》可能是在 1987 年。那是台北故宫博物院从王世杰后人处购藏，首次公开展出。距离《寒食帖》离开清宫，初次公开展示，也就是 1917 年为赈救京畿水灾，在北京中央公园举行的"第一次京师书画展览会"，过了 70 年。

70 年间，《寒食帖》几度易主，出售给日本藏家，再被王世杰买回。1987 年时的我，懵懵懂懂，顶多是和慕名而去的观众一起凑凑热闹罢了。

再见到《寒食帖》，是 2006 年。

我在学术研究单位工作了十年，正巧有机会到新加坡教书，为刚刚成立不久的中文系贡献一点绵薄之力。第一届的同学们那年二年级，八月开始的新学期，我教的是选修课唐诗，和必修课元明清文学。虽然此前我有六七年的执教经验，也在韩国成均馆大学教授过外国人，但是在新加坡的华人，既不是纯外国人，也和我教过的台湾学生相当不同。半华半洋，既中又西，要拿捏好同学们的华语文水平，因材施教，着实得花一些时间和工夫。幸好大家都很配合，学习热情很高，几个月下来，明显能看到大家的进步，我也稍稍放心，觉得不虚此行。

最后一堂必修课，我为大家做了全学期课程的重点整理和总结答疑，希望大家在期末考试都能得到理想的好成绩。虽然我在新加坡的任教还有一个学期，不过如果没有选修我的课，后面也便见不到了，我就在此和大家告别。我为同学们献唱了一首《真心英雄》，我唱道：

　　　　把握生命里的每一分钟，全力以赴我们心中的梦。

　　　　不经历风雨，怎么见彩虹，没有人能随随便便成功。

　　　　把握生命里每一次感动，和心爱的朋友热情相拥。

　　　　让真心的话，和开心的泪，在你我的心里

流动。

有些同学和我一起唱。唱着唱着，全班的声音渐渐微弱了，我看见他们泪眼潸潸。

"我们舍不得就这样和老师告别。"

"老师可以陪我们，到我们毕业吗?"

我不置可否，眼前也模糊了。

于是世界上有了东坡居士

这次遇见，久别重逢。

《寒食帖》写的是两首《寒食雨》诗：

> 自我来黄州，已过三寒食。年年欲惜春，春去不容惜。今年又苦雨，两月秋萧瑟。卧闻海棠花，泥污燕支雪。暗中偷负去，夜半真有力。何殊病少年，病起头已白。

> 春江欲入户，雨势来不已。小屋如渔舟，蒙蒙水云里。空庖煮寒菜，破灶烧湿苇。那知是寒食，但见乌衔纸。君门深九重，坟墓在万里。也拟哭涂穷，死灰吹不起。

这是苏东坡在贬谪之地黄州度过的第四个寒食节，时间是在北宋神宗元丰六年（1083）。寒食节在农历冬至过后的105天，是出游踏青和扫墓祭祖的日子。

宋朝人非常重视过寒食节，和春节（元日）、冬至，并称为一年中的三大节日，放假七天。放假对在黄州的苏东坡没有什么意义了，因为他根本无公事可办，确切地说，不能办公。

我曾经觉得好玩，给苏东坡排了一个紫微斗数的命盘，发现他在神宗元丰二年（1079）会遭遇人生的一次大劫，这也有点儿事后诸葛亮的意味。那年，他因为持续反对新法，加上自己在诗文中批评朝政，给人抓到了把柄，告上了朝廷，发生"乌台诗案"。

"乌台"就是御史台，是负责监督、纠察、弹劾官员的中央机构。汉代御史台附近有许多柏树，树上有乌鸦，所以"御史台"又称"乌台"。在《陪你去看苏东坡》书里，我说苏东坡是"国际畅销书作家蹲大牢"。在弹劾他的公文里说，他的作品"小则镂板，大则刻石，传播中外"。有的被雕版印刷成书，有的被刻在石头上，在中国和外国都很流行。

比如同时代的文人苏颂说苏东坡"文章传过带方州"，并且注解："前年高丽使者过余杭，求市子瞻集以归"。高丽有一位叫金觐的文臣出使北宋，得知苏东坡兄弟的大名，还模仿了给自己的儿子取名"金富轼"和"金富辙"呢！这对兄弟也很有出息，金富轼编撰了《三国史记》，是朝鲜半岛现存最早的完整史书。高丽使臣到了杭州，都晓得要去买苏东坡的文集，看看他写了什么，你说，苏东坡是不是宋代的KOL（关键意见领袖，Key Opinion Leader）呀？

这样的KOL影响力太大，如果让百姓和外国人知道咱们大宋国有什么不受苏东坡待见的政令，岂不是动摇朝廷，毁了国威？非好好管束他不可！

我们也可以从中看到宋代印刷术发达，推动了传播的速度和广度。寒食节不让生火，百姓乖乖遵守规矩，可是贵族王侯里却我行我素，依然点了蜡烛，通宵享乐。唐代韩翃写了《寒食》诗，用"汉宫"指当朝，讽刺道：

春城无处不飞花，寒食东风御柳斜。

日暮汉宫传蜡烛，轻烟散入五侯家。

怎么没有人拿这首诗来开刀，说韩翃揭发朝廷疮疤呢？因为谈不上"小则镂板，大则刻石，传播中外"嘛。

经过层层审讯，苏东坡在牢里蹲了 130 天。重获自由时，他的官衔是"责授检校尚书水部员外郎充黄州团练副使，本州安置，不得签书公事"，这么长的官衔，其实就是朝廷安置贬谪官员的虚职，位阶低于他上一个职务湖州知州的六品官，甚至比他最初担任的凤翔府节度判官还低，只能领些许津贴，不能住官家宿舍。

于是苏东坡为了养家糊口，不得不挽起袖子来下田种地。他的耕地在黄州城的东边，于是世界上有了东坡居士，我们称他苏东坡。黄州时期是苏东坡创作的高峰，一些以赤壁为主题的旷世名作都写在黄州。旷达豪放、乐观积极，这些标签基本上都是苏东坡在黄州苦中作乐，给予我们的正面影响。然而，看《寒食帖》诗中的情绪却截然不同。

寒食雨

让我们先回到《寒食雨》这两首诗的内容。苏东坡说自己在黄州已经度过了三个寒食节，每年都想要珍惜大好的春光。但是无论怎样珍惜，春天还是会过去的。刚好今年雨下得特别多，下了两个月，好像还没有进入春季，天气还是像秋天一样冷飕飕的。听说我欣赏的海棠花已经被雨水和泥点给脏污了。时间就像是在半夜里偷偷地给搬走了，那力道无人能及。就像是一个生病的少年，大病初愈，头发都花白了，成了老年人。

雨下得江水都暴涨了，一直不停的大雨快要进入我的房里。我小小的屋子像是艘渔舟，飘荡在蒙蒙的水汽云雾当中。我打起精神，在空空的厨房里想要煮一点寒冷的蔬菜。破损的灶台点燃不起，被雨水打湿的芦苇生不了火。原来今天是禁火的寒食节，只看见乌鸦衔着没有烧尽的纸钱飞过。想到皇宫的门像九重天那么遥远，我距离要去扫墓的家乡四川眉山有万里之遥。我也想像阮籍一样，在人生的穷途末路坐地痛哭。但我的心已经像燃尽的灰烬，再也生不出火来，欲哭无泪了。

苏东坡怎么这么愁苦抑郁，消沉落寞呢？答案就在诗的前两句："自我来黄州，已过三寒食"。为什么要强调自己在黄州已经度过了三个寒食节呢？因为按照北宋的磨勘制度，官员的职务一般任期是三年，除非另有任命，三年左右，再进行考核升迁。现在已经是第四个寒食节，超过了朝廷的任职期限，苏东坡心中暗自焦虑：朝廷什么时候会有新的任命呢？难道，我此生要一直待在黄州吗？

过去我们以为《寒食帖》写于元丰五年（1082），我读了《寒食雨》诗谈到的"今年又苦雨，两月秋萧瑟"，对照他写给巢谷的诗《大寒步至东坡赠巢三》："春雨如暗尘，春风吹倒人。东坡数间屋，巢子谁与邻。空床敛败絮，破灶郁生薪。……"认为应该是元丰六年（1083）。诗里描写的绵绵春雨、破灶都和《寒食雨》诗的景象相似。那年春天苏东坡一直在生病，他在写给朋友的信中，说自己眼睛赤目，加上痰多气壅引起咳嗽，卧病在床。所以诗里说"卧闻海棠花""病起头已白"。

工作、健康问题之外，我还发现1082年苏东坡的长孙，5岁的苏箪夭折了，难怪他感到生活没有乐事。

人生还有什么是值得活的？

林语堂说的"一个不可救药的乐天派"，到哪里去了？

我站在《寒食帖》前，思前想后。

然后，眼眶一热，泪如泉涌。

这是高唱"多情却被无情恼""也无风雨也无晴"的苏东坡，诚实地袒露了自己的无能为力，和争强好胜、自恃聪明、志得意满的自己彻底妥协了。

"君门深九重，坟墓在万里"，无法尽忠，做一个对朝廷有贡献的臣子；无法尽孝，做一个寒食节祭祖扫墓的子孙。有什么能支撑着自己，认可自己"天生我材必有用"呢？从四川小镇，走到京师皇城，曾经步步高升，在皇帝面前应答，高中全国之冠，被期许为未来的宰相，如今的潦倒下场，是老天开了一个大玩笑吗?

　　我想,苏东坡可能已经意识到,政治是短暂的,只有文学艺术可能永恒。所以,即使经历过乌台诗案,险些丧命,出狱之后,他也并没有完全放弃写作,也还继续写字画画,用不同的媒介表达和留存自己的意念。

被大火"文身"的神物

《寒食帖》曾经几度被大火"文身"。历经火烧圆明园、库房火患、日本关东大地震,幸而"大难不死",流传于世。那些历历清晰,被火熏烧过的痕迹,是爱物者和收藏者奋不顾身冒死抢救而来。《寒食帖》由可能是诗稿,成了文物,成了宝物、神物。它仿佛自带着某种天命,默默等待观赏者参悟。

我进台湾大学中文系的时候,系主任告诉我:"中文系不是培养作家的地方。"我在学术机构报到的第一天,主管告诉我:"这里不是写小说的地方。"文学创作就那么和学术研究格格不入吗?我受邀在《中央日报》开专栏,在《中国时报》担任书评委员,每个星期为读者推介新出版的好书。在电视节目里谈读书。这些,都被认为是不务正业的工作,让同事认为我太清闲。有的同事好心规劝我,记得"非升即走",应该要集中心力为评职称而好好做研究。

2004 年，我获得当时年轻学者在台湾能够得到的两个最高的荣誉奖项，然而，还是有人以为"恭喜你！原来你不是作家！"这样的言辞对我是一种恭维。我苦笑着回谢。

很难想象，对于某些学者来说，作家是那样的低微。矛盾的是，没有古代的作家作品，我们又怎么能做文学研究呢？

我承应了从 2007 年开始为新加坡最大的华文报纸《联合早报》写专栏。过去因为承受压力不得不中断的专栏写作，曾经让我觉得愧对主编的厚爱。这次的专栏写作，我一定全力以赴。转念一想，如果我结束了在新加坡的教学工作，回到了台湾，是否还有动力继续写作专栏文章呢？

汉字的视觉之美

　　我偷偷拭去泪水，继续看着《寒食帖》。

　　那流动情绪的笔墨，让我感叹汉字的优美和张力。汉字是视觉文字，由线条组成，带有意义的图像，和拼音文字截然不同。

　　拼音文字诉诸的是听觉，字母的图像性只能表示读音，汉字的视觉性则能表达含义。懂得拼读 book，未必理解这个字的意思。而写出"册"字，可能猜想它"画"出某个东西，如果再多一些古代书籍的常识，知道纸张发明之前，人们是把文字记录在竹片上，把一根根的竹片拿线串连起来，便是"册"字，也就是书了。

　　看手写的拼音文字，无论书写者怎样思潮起伏，我们顶多能看到笔触的深浅、笔速的飞动，看不到每一个字对应的书写者性情。看《寒食帖》，全篇四个"寒"字各有姿态。苏东坡的字迹从第一首诗无奈隐忍，到第二首诗大开大合，"已过三寒食""病起头已白"，两个"已"字写得特别的微小，好像是人生微不足道的过渡。"头已白"的"白"，中间的一横几乎看不见，好像苏东坡已经没有力气。第二首诗情绪激动昂扬，先是烦恼将要淹进屋子里的雨势，好容易打起精神来，"破灶"的"破"，右边的皮字就已经是破着了。灶字由于笔画比较复杂，显得特别大。"乌衔纸"的"纸"字一波三折，拉得很长，像是一把利剑，穿到下面的"君门"的"君"字。君字的口半开合似说非说。"坟墓"的"墓"字写得特别大而醒目。"哭途穷"的"哭"字，看起来就是一个哭丧的脸。"途穷"两个字也是特别的大。"穷"字几乎就涵盖《寒食帖》诗的全部内容了。山穷水尽，穷途末路。在黄州的这第四个寒食节，几乎看不到未来的希望。《寒食帖》被称誉为"天下第三大行书"，绝对担当得起。

写作是一种生理需求

行到水穷处，坐看云起时。在人生极端的困境中，如何生出力量？我们的终极关怀又是什么？我突然明白自己为何总是纠结于文学创作，无法自由，压抑自己的写作冲动，耳边响着那些告诫劝导的话，我失去了对自己存在价值的信心。熬过乌台诗案，心知肚明，写作带不来什么好处，仍然坚持以书写记录人生，这就是我们敬佩和喜爱的苏东坡。

是坚持难？还是放弃难？

依依不舍离开展柜，告别《寒食帖》，栅栏在我身后拉下。我在走下阶梯的当儿，心中已经有了答案。

这一次的遇见。是久别重逢。

下一次，相会何期？

【拿来就用】

1. 试着在观览艺术作品前面放空，感受纯然的视觉冲击，看看会有什么体会。

2. 汉字是视觉文字。阅读汉字时，大脑被激活的区域比阅读拼音文字还多，科学家认为有助于全脑开发。

第六章

第一次觉得苏东坡真夸张

说好的大江东去呢？

大江东去，浪淘尽，千古风流人物。

故垒西边，人道是，三国周郎赤壁。

乱石崩云（穿空），惊涛裂岸（拍岸），卷起千堆雪。

江山如画，一时多少豪杰。

遥想公瑾当年，小乔初嫁了，雄姿英发。

羽扇纶巾，谈笑间，强虏（樯橹）灰飞烟灭。

故国神游，多情应笑我，早生华发。

人间（人生）如梦，一樽还酹江月。

怀揣着对苏东坡这阙《念奴娇·赤壁怀古》的向往，2010年我应邀到湖北黄冈参加东坡文化国际论坛，我从1997年的"小衣同志"，成为"新加坡来的代表"。苏东坡纪念馆揭牌典礼那天，刚好是我的生日。

算是给自己的生日礼物吧。我刻意多停留了几天，为的是在这苏东坡因为乌台诗案而被贬谪居住的地方走走看看，寻觅他可能留下的踪迹。

拾级而上，踏入亭宇。眼下是一汪碧绿的水塘。说好的"大江东去"呢？极目远眺，大江还在数公里之外。这是沧海桑田吗？经过近千年，长江改道，这个现在叫作"东坡赤壁"的地方，已经不临大江了。那么，"乱石崩云，惊涛裂岸，卷起千堆雪"，可能吗？

凌乱的岩石上冲凌霄，好像要把云朵崩落。汹涌震撼的浪涛击打江边，几乎要把江岸碎裂。激起的水花四溅，有如洁白的冰雪。——这哪是江水？简直是浪潮海波！怎么我以前读的时候都没有发觉呢？即便是苏东坡游历的当时，长江的水也不可能狂涛澎湃啊。

可能还是苏东坡《前赤壁赋》写的"清风徐来，水波不兴"比较实在吧。《后赤壁赋》的"江流有声，断岸千尺"也是夸张。古人爱用夸大的数字。李白是其中的佼佼者，你看他"飞流直下三千尺，疑是银河落九天""白发三千丈，缘愁似个长"。苏东坡也不遑多让，他借用了李白诗，写道："多情白发三千丈，无用苍皮四十围。"李白诗里的"三千"主要指的是长度；苏东坡则在时间的维度经常写到"三千"，比如：

愿君且住三千岁，长与东坡作主人。(《醉题信夫方丈》)

人间俯仰三千秋，骑鹤归来与子游。(《送褰道士归庐山》)

铜驼陌上会相见，握手一笑三千年。(《寄吴德仁兼简陈季常》)

人道是三国周郎赤壁

夸张作为一种修辞手法，并不稀罕。我好奇的是，《念奴娇·赤壁怀古》这阕词，似乎有一些无法理解的空白。人们纠结于到底苏东坡歌颂的赤壁是不是就是三国古战场？其实苏东坡已经说了："人道是"，很可能是当地的人告诉他，这里是三国古战场。但是苏东坡自己相不相信呢？

他在给范子丰的信里说：

> 黄州少西，山麓斗入江中，石室如丹。传云曹公败所，所谓赤壁者。或曰：非也。

《记赤壁》也说道：

> 黄州守居之数百步为赤壁，或言即周瑜破曹公处，不知果是否？

文字史料阙如，如果又没有出土文物作为佐证，实在很难确定黄州赤壁是不是赤壁之战的地方。不过苏东坡似乎已经想把黄州赤壁当成三国周郎赤壁，所以才会在《赤壁赋》里，用同游的客人的话说：

> 西望夏口，东望武昌。山川相缪，郁乎苍苍，此非孟德之困于周郎者乎？方其破荆州，下江陵，顺流而东也，舳舻千里，旌旗蔽空，酾酒临江，横槊赋诗，固一世之雄也，而今安在哉？

这位同游的客人就是道士杨世昌。他特地从蜀地来到黄州和苏东坡见面，还教苏东坡用米和蜂蜜酿酒，苏东坡作了《蜜酒歌》。

《赤壁赋》说的夏口就是现在的武汉，武昌是现在黄冈隔江的鄂州。以赤壁为坐标，西边是武汉，东边是鄂州，苏东坡形容苍翠碧绿的连绵山水，让人怀想：这里应该就是曹操被周瑜打败的地方吧？当初曹操占有荆州，夺得江陵，一路顺着长江往东，千里之远都是曹军的战船，旗帜飘扬把天空都遮蔽了。曹操对着大江斟酒，横着长矛作诗，真是盖世的英雄啊！可是，此地渺无痕迹，不知道那英雄现在在哪里了？

苏东坡游历赤壁，想起三国事迹，等于是把这里坐实了历史的现场，抒发思古之幽情。人们后来无法确定赤壁之战的地点究竟在哪里，加上蒲圻市已经改名为赤壁市，于是黄州的赤壁就冠上了东坡的名字，叫作"东坡赤壁"了。

东坡安在哉?

东坡赤壁旁边,居民修整了小小的菜园子,土地是赭红色的,所以赤壁的"赤",果然其来有自。赤壁山的一角,延伸出长长的岩石,当地人称作"赤鼻矶"——原来"赤鼻矶"就是"赤壁矶"啊。

苏东坡禅修过的安国寺还在。我配合着古今地图,沿着安国寺,一路寻觅苏东坡刚到黄州时借住的寺庙定惠院。《寒食帖》里写到的"卧闻海棠花",就在定惠院旁,苏东坡有诗《寓居定惠院之东杂花满山有海棠一株土人不知贵也》,其中提到"陋邦何处得此花,无乃好事移西蜀",这株西蜀品种的海棠花怎么会在黄州呢?就和自己一样天涯流落,苏东坡对海棠花产生惺惺相惜之感,每年海棠花开的时候,他都要约朋友一起去花下饮酒,写了《记游定惠院》。

路人没听过定惠院,倒是有定花园、定花院、定花苑……想来是谐音讹变。寺庙没有了,地名还保留，只是时移事往，加上方言发音，"惠"成了"花"。也好，定惠院之于苏东坡，就是有海棠花呀。

再圈定了几处可能是苏东坡耕作的"东坡"所在地，这个坡陇起伏的山城，苏东坡居住了4年多，他晚年总结道："问汝平生功业，黄州惠州儋州"——湖北黄州，广东惠州，和海南儋州，都是苏东坡被贬谪的地方，他无法在政治上施展抱负，留给后人的功业，是永垂不朽的文学与艺术。

我登上鄂州西山武昌楼，远眺对岸的黄州。薄薄的迷雾间，东坡赤壁依稀可见。东坡赤壁下虽然已经不临长江，鄂州到黄州仍然有渡轮可以通行，船票2元。徘徊江畔，我在想：要不要搭一次渡轮看看呢？可是四周几乎没有乘客，渡轮会不会开呢？

子由先写《赤壁怀古》

这时我想到：苏东坡被贬谪到黄州，起初暂住在定惠院，三个多月后，也就是元丰三年（1080）五月底，弟弟苏辙陪同苏东坡全家十几口人到黄州团聚，苏东坡搬到了临皋亭住处。兄弟俩见面话旧，曾经一起到鄂州西山。那么，苏辙有没有游历过黄州赤壁呢？

查了苏辙的《栾城集》，果然有这么一首诗，题目就是《赤壁怀古》：

> 新破荆州得水军，鼓行夏口气如云。
>
> 千艘已共长江险，百胜安知赤壁焚。
>
> 觜距方强要一斗，君臣已定势三分。
>
> 古来伐国须观衅，意突成功所未闻。

诗里描写的主角是曹操，他取得了荆州，正是志得意满，准备一鼓作气，攻下夏口。曹军的战船占据长江险要的位置，哪里会想到在赤壁被大火焚毁。强大的兵力正要战斗，没想到天下三分已成定局。自古以来，讨伐别的国家都要看准时机，不可能突然成功的。

苏辙游黄州赤壁也讲到了三国赤壁之战，可见他也和苏东坡一样听说了此地可能是古战场。依照过去兄弟俩彼此次韵作诗的习惯，苏东坡的《念奴娇·赤壁怀古》很可能就是回应苏辙的赤壁怀古诗。而且应该在苏辙的诗完成之后不久。后人一般把《念奴娇·赤壁怀古》定为元丰五年（1082）所作，也就是和苏东坡写前后《赤壁赋》同一年，我想还有修正的空间。只不过这一次，苏东坡没有用诗的体裁，而是采取了词。或许苏东坡认为词更适合用来表达他对于赤壁怀古的心声。

正格的《念奴娇》

值得注意的是,苏东坡填的词牌是《念奴娇》。"念奴"是唐玄宗时期的一名长安的歌妓,她的歌声高亢,很得帝王的欢心。《开元天宝遗事》记载:

> 念奴者,有姿色,善歌唱,未尝一日离帝左右。每执板当席顾眄,帝谓妃子曰:"此女妖丽,眼色媚人。"每啭歌喉,则声出于朝霞之上,虽钟鼓笙竽嘈杂而莫能遏。

这个娇滴滴的念奴,怎么变成了词牌的名称,就豪放壮阔起来了呢?虽然词牌不一定和音乐曲调以及词的内容相关,不过,词,也就是歌曲的唱词,填词是把文字写进本来已经结构完整的曲调当中。晚唐五代开始,文人加入写歌词的行列,并且把词当成文学文本编选出版,于是有了《花间集》和《尊前集》。"尊"

是一种酒器，看"花间""尊前"的书名就晓得，内容是在酒食宴席演唱的情歌。

《念奴娇》的词牌兴起于北宋中期，有多种别名和变体，基本上都是上下两片（两段），总共一百个字，押仄声韵。苏东坡很少填《念奴娇》词，现存的苏东坡词集里，只有两阕《念奴娇》词，除了《念奴娇·赤壁怀古》，另一阕写的是中秋：

> 凭高眺远，见长空万里，云无留迹。桂魄飞来光射处，冷浸一天秋碧。玉宇琼楼，乘鸾来去，人在清凉国。江山如画，望中烟树历历。
>
> 我醉拍手狂歌，举杯邀月，对影成三客。起舞徘徊风露下，今夕不知何夕。便欲乘风，翻然归去，何用骑鹏翼。水晶宫里，一声吹断横笛。

这阕词被认为是《念奴娇》词牌的正格。词的上片写的是登高望远，一轮明月，光芒照耀大地。我们可以发现苏东坡用了之前他写给弟弟苏辙的《水调歌头》里的"琼楼玉宇"；这阕词写的是"玉宇琼楼"。词人仿佛登上了月宫，像仙人一样乘着鸾鸟，飞翔于清凉的楼台间。和《念奴娇·赤壁怀古》一样，这阕词也用了"江山如画"。"望中烟树历历"化用唐代崔颢的《黄鹤楼》诗"晴川历历汉阳树"。

词的下片有李白诗《月下独酌》的影子："举杯邀明月，对影成三人。"然后又用了《水调歌头》的"我欲乘风归去"为"便欲乘风，翻然归去"。这种借用自己或者是前人的文字填词的方式叫作"隐括"，苏东坡是隐括词的开创者。

赤壁怎么搭上小乔？

　　既然能够填写正格的《念奴娇》词，苏东坡又开创了《念奴娇》词的变格。字数一样有一百字，也是押仄声韵，句式有些调动，引发后人讨论应该如何断句的话题。

　　《念奴娇·赤壁怀古》的上片先写壮阔的景象，烘托历史的变迁。滚滚滔滔的大江向东奔流，时代冲刷后留下，能够被历史记载和人们记忆的，唯有那些功成名就的潇洒人物。就在自己居住附近旧军营的西边，人们传说这里就是周瑜打败曹军的古战场。接着苏东坡用夸张的笔法写高耸的山石和澎湃的江水，呼应开篇的"浪淘尽"。眼前的风景，有如展开的画卷。"一时"对应"千古"，那些英雄豪杰虽然只存活了一辈子，却名垂久远。

　　下片延续写周瑜，把时间往前推十年，24岁的周郎娶美女小乔，正是青春年华，神采飞扬。他手执羽毛制成的扇子，头戴用青丝带做的头巾，谈笑用兵，轻易地就把曹军给消灭了。

"故国神游，多情应笑我，早生华发"一般认为是倒装句，即"神游故国，应笑我多情，华发早生"。这几句有几种不同的解释：

1. 周瑜回到古战场（我在古战场遇见周瑜），见我吊古伤今，会笑我太多愁善感，早早生出了白头发。

2. 我仿佛回到故乡眉山，见到妻子王弗，她笑我感情太丰富，年纪还轻就长出白头发。

3. 我在古战场凭吊历史，觉得自己这样情怀洋溢真是可笑，自寻烦恼，以至于头发斑白。

我想提供另外一个观点，尝试解释为什么苏东坡要"遥想公瑾当年，小乔初嫁了"。小乔和赤壁之战并没有关系，苏东坡或许是想到了杜牧的《赤壁》诗："东风不与周郎便，铜雀春深锁二乔。"如果赤壁之战没有东风助力，周瑜失败了，大乔和小乔就会被曹操收为己有，深锁在铜雀台。赤壁之战是三国历史的转折点，也影响了周瑜的幸福。苏东坡想象小乔刚嫁给周瑜时，周瑜的意气风发，英雄美人相得益彰。而他自己，谪居黄州，没有像周瑜立功沙场的机会，他拿什么和周瑜相提并论呢？

如果我推测得没错，《念奴娇·赤壁怀古》是在苏辙写《赤壁怀古》的同一年，那年苏东坡立朝云为妾，后来朝云生了儿子苏遯，可惜不满一周岁，苏遯就夭折。那年已经升格为祖父的苏东坡，有了朝云抚慰，经历乌台诗案之后，惊魂甫定的心情得到宽解。转换生活的场景，重新燃起青春年少的动念。于是苏东坡不像以往次韵弟弟的诗，而是刻意用《念奴娇》这个词牌来填写出他的心境。朝云和念奴一样，都是歌妓，小乔可能是周瑜的妾，身份和朝云一样。赤壁怀古不但带有历史兴亡的感慨，也纪念了自己的人生阶段。苏东坡在黄州为朝云写的七夕词流露爱意，《念奴娇·赤壁怀古》则是辗转幽微地明写周瑜，暗写自己，渴望自己也像周瑜新婚时一样的意气风发。

苏东坡 PK 柳永

因此，"故国神游，多情应笑我，早生华发"讲的是自己的心神游荡在三国时空，和前文的《蝶恋花》"多情却被无情恼"意思接近，形容自己情感丰沛，这么丰沛的情感，还像是个年轻人一样。心态是个年轻人，但是身体素质已经步入中年了。比起他十年前在密州写《江城子·密州出猎》里的"老夫聊发少年狂"，黄州时 40 多岁的苏东坡年龄才是"老夫"，可笑的是头发斑白，却犹如返老还童，在《寒食帖》中，苏东坡也说到"何殊病少年"，华发和少年的反差，除了自嘲，似乎也无可如何了。

苏东坡在徐州时有词《永遇乐·彭城夜宿燕子楼，梦盼盼，因作此词》，唱道："古今如梦，何曾梦觉"，《念奴娇·赤壁怀古》的结尾同样生起如梦的空幻感，自己不是英雄豪杰，终将被大浪淘尽，只有江水和明月常在，于是他举起酒杯向大自然致敬。

俞文豹《吹剑续录》记载：

> 东坡在玉堂，有幕士善讴。因问："我词比柳词何如？"对曰："柳郎中词，只好十七八女孩儿，执红牙拍板，唱'杨柳岸，晓风残月'；学士词，须关西大汉，执铁绰板，唱'大江东去'。"

苏东坡开始填词的时候，柳永的词已经传唱南北，所谓"凡有井水饮处，即能歌柳词"。不服输的苏东坡，自然把柳永当成自己填词的竞争对象。歌者回答苏东坡：柳永和苏东坡的词各有千秋，演唱人和打节拍的乐器也不同。其实在存世近340阕东坡词中，只有20多阕近于豪放，比例不大，但是风格鲜明的形象深入人心。他在完成《江城子·密州出猎》之后，抄写送给鲜于子骏，信上说：

> 近作小词，虽无柳七郎风味，亦自是一家。呵呵。数日前，猎于郊外，所获颇多。作得一阕，令东州壮士抵掌顿足而歌之，吹笛击鼓以为

节，颇壮观也。

我们看《江城子·密州出猎》：

老夫聊发少年狂，左牵黄，右擎苍，锦帽貂裘，千骑卷平冈。为报倾城随太守，亲射虎，看孙郎。

酒酣胸胆尚开张，鬓微霜，又何妨，持节云中，何日遣冯唐？会挽雕弓如满月，西北望，射天狼。

带着黄狗和苍鹰去打猎，胸怀保家卫国的壮志，和他悼念王弗的《江城子·乙卯正月二十日夜记梦》是同一个词牌，胆识气魄和抒情韵味截然二致，苏东坡把儿女情长写成辽阔苍茫，把委曲婉转写成雄伟昂扬。敌不过柳永，就开辟一条新的赛道，自己定游戏规则，你说，他这反转的力道是不是很夸张？

后来，我有没有搭渡轮，从鄂州回到黄州呢？你猜。

那年的生日，没有蛋糕，没有蜡烛。我躺在旅店的软床上，窗外是一朵接一朵的炸裂烟花，光照室内如白昼敞亮。这是……"庆祝"苏东坡被贬谪到黄州930年？

【拿来就用】

1. 宋词就是宋代的流行歌词。依照既定的曲调格式把文字填进去，所以叫"填词"。

2. 词的句子长短不一，又称"长短句"。古代能唱的诗是乐府诗，苏东坡的词集其中一种版本就是《东坡乐府》。

3. 明代人把词分为"婉约"和"豪放"两种风格。存世的近340阕东坡词，只有20多阕是豪放词，比例不大，但已塑造出"苏词豪放"的品牌形象。

第七章

第一次因苏东坡不服气

叫黄小鸭太尴尬

2014 年 8 月 5 日，我第一次因为苏东坡而感到不服气。

那是特别巧合的一天，迎新又送旧。上午迎接学校第十届中文系的新生，勉励新人"同学少年皆俊彦，青春作伴乐游研"，下午参加毕业典礼。中午我们在学校古迹建筑华裔馆前，新生旧生喜相逢，留下历史的画面。

自从答应第一届的同学留在新加坡教书，这是我参加的第六个毕业典礼。我作为系主任，主持毕业典礼的工作，就是一一念出同学们的名字，让他们依序上台，接受院长颁发的毕业证书。同场还有几位应用商学科系的硕士生，也由我来唱名。这几位硕士生有马来西亚人、印度人和越南籍的同学。我拿到名单，就开始紧张。这些名字有的非常长，一口气很难顺利念完。何况，我对这些发音并不熟悉。于是先向同事求助。马来和印度的同事教我反复地读，让我几乎把名字背下来。身旁没有懂越南文的朋友，于是问谷歌翻译。

至于那一百多位中文系的同学，我请他们在卡片上写自己的中文名字，让我在唱名的时候，可以直接用中文来表达。东南亚华人的英文名字，尤其是姓氏，往往因为方言发音的关系，和汉语普通话相差很多。比如你看到"Ng"可以想象没有母音，怎么念得出来这个字呢？原来，"Ng"可能姓黄，也可能姓王。"Chan"可能姓陈，也可能姓曾。"Tang"可能姓陈，也可能姓郑。我想，既然我们是华人，同学们通常在家中和长辈也常常用汉语（新加坡称华语）交谈，特地前来观礼的家长如果听到的不是清楚的子女姓名，或者由于音调没掌握好，听起来阴阳怪气，甚至是谐音，那该有多失望？我就曾经听过把同学的名字读成听起来发音很像"黄小鸭"，而引起礼堂里一阵捧腹大笑。那位同学的尴尬表情，令我非常不忍。

叮嘱同学写好自己的华文名字，我也把名单上的英文姓名标注了华文。每一位毕业生上台时，把卡片交给我。我读了他们的名字，然后他们走上舞台中央接收颁发的毕业证书，并且和院长合影留念。这个程序我也在毕业典礼之前参加彩排，希望万无一失。

一切准备妥当，我在休息室穿上台湾大学的博士毕业袍。其他系的老师们的毕业袍大部分是红色系，戴圆的帽子，而我的毕业服是黑色方帽子，黑色的长袍，中间有 V 字形的白色镶布。我笑说：穿上这博士袍，看起来像只台湾黑熊。

不知道莎士比亚，你会不好意思吗？

当我们在休息室排队，准备等工作人员引导，走进大礼堂的时候，排在我旁边的一位高大的白人老师和我闲聊起来。

他问我："你是哪个科系的？"我回答了，反问他，他说是英语系。

他再问我："你研究什么？"

我说我研究苏东坡："苏东坡，或是苏轼，你知道吗？"

他摇头说没有。

礼尚往来，我也问他的专业。他很自豪地说："我是研究莎士比亚，你知道莎士比亚吗？"

开玩笑，虽然不是所有的莎士比亚的名作全部都读过，好歹《罗密欧与朱丽叶》之类，没读过原著也看过舞台剧或者是电影吧？我点头说："当然！我知道莎士比亚。"

当下我心里有一股很奇怪的感觉，就是如果我说"哦，我没听过莎士比亚"的话，我会觉得不好意思吗？

研究莎士比亚的西方教授没听过苏东坡，为什么表现得那么理所当然？那是因为苏东坡不是国际知名的作者吗？苏东坡在世的时候，就是国际畅销书作家呀。盛名之累，苏东坡遭受了乌台诗案，人生走下坡。传说有古代越南的王子特地到中国，想和苏东坡学写诗，这虽然无法证实，但是前面讲到古代韩国的使臣到杭州购买苏东坡的文集；13世纪苏东坡的作品流传到日本，这些都是班班可考的。难道苏东坡的读者群只能限定在东亚古代的汉字文化圈吗？怎么样才能够让苏东坡出圈？让更多的人知道苏东坡？和我一样，享受苏东坡带给我们的丰富养分呢？

我不服气。东方对于西方渴求知识，相对地，西方对于东方却兴趣缺乏。即使这种不平衡的现象已经好几个世纪，我个人无力挽回，我总想：如果西方想要知道一位——仅仅一位就好了，中国的重要的文化人，那一定是全才型的苏东坡！他"上可以陪玉皇大帝，下可以陪卑田院乞儿"，苏东坡难道就不能"陪"西方人吗？

苏东坡难道就不能陪西方人吗?

说西方人完全不知道苏东坡,也不尽然。

1872年曾在清朝海关工作的包腊(Edward Charles MacIntosh Bowra, 1841—1874)在香港出版的 *"The China Review, or, Notes and Queries on the Far East"*(《中国评论》)第一卷第一期发表了文章《苏东坡》,副标题是《从未出版的广东省历史》,介绍苏东坡在广东和海南,翻译《纵笔》和《广州蒲涧寺》。

1884年英国驻华外交官、汉学家、剑桥大学教授翟理斯(Herbert Allen Giles, 1845—1935)就在 *"Gems of Chinese Literature"*(《古文珍选》,又名《中国文学瑰宝》)中翻译过包括《喜雨亭记》在内的11篇苏东坡的散文。他推崇苏东坡的作品"使中国人引以为豪的语言据说在苏轼的笔下达到了完美的巅峰及艺术隐匿的极限"。1898年,他在 *"Chinese Poetry in English Verse"*(《古今诗选》)中翻译苏轼的两首诗:《春夜》和

《花影》(一说《花影》的作者可能是南宋谢枋得)。

1918年汉学家阿瑟·韦利(Arthur Waley, 1889—1966)出版 "*A Hundred and Seventy Chinese Poems*"(《一百七十首中国古诗选译》),翻译了苏东坡的《洗儿》诗。

1931年,李高洁(Cyril Drummond Le Gros Clark, 1894—1945)出版 "*Selections from the Works of Su Tung-po*"(《苏东坡文选》),翻译苏轼的18篇散文名作,包括前后《赤壁赋》《石钟山记》。这本书里还有他的妻子设计的苏东坡木刻像,显然参考了苏东坡《治平帖》前面的画像。1935年,李高洁将苏轼所有的赋都译成英文并加注解,成为 "*The Prose-Poetry of Su Tung-po*"(《苏赋》)在上海 Kelly & Walsh(别发洋行)出版,钱锺书为书作序,并且批评了翻译的错误。

英语世界第一本的苏东坡诗选本,是1965年伯顿·沃森(Burton DeWitt Watson, 1925—2017)的 "*Su Tung-po: Selections from a Sung Poet*"(《苏东坡诗选》)。

这些苏东坡作品的翻译著作和翻译者你不知道也没有关系,毕竟他们都是所谓的"中国通",或者是汉学家，他们著作的读者基本上也都是研究中国文学文化的学者。怎么样能够让一般的民众也能够像我们听说过莎士比亚一样，对"苏东坡"这个名字一点也不陌生呢？看看法国《世界报》的做法吧！

苏东坡凭什么当千年英雄？

公元2000年，法国第二大全国日报《世界报》（*Le Monde*）为迎接千禧年特别制作专题，记者 Jean-Pierre Langellier（让-皮埃尔·朗日里耶）选取 12 位生活跨越公元 1000 年的世界人物，名为"千年英雄"（Les héros de l'An Mil）。其中，唯一获选的中国人是苏东坡。

我曾经在《陪你去看苏东坡》这本书写了一篇文章，叫作《为什么李白杜甫不是千年英雄？》，谈了法国《世界报》选出的这 12 位英雄人物，他们来自欧洲和亚洲，含括了政治、军事、宗教、医学、艺术、文学、历史、哲学等方面的卓越长才，对人类文明进程作出了贡献。其中，只有写日本第一部小说《源氏物语》的紫式部是女性。我认为，苏东坡作为"学者型官员"、诗人、书画家，可以说是 12 位"千年英雄"里全面发展又出类拔萃的一位。

果然，2017 年 11 月 23 日，在第八届（眉山）东坡文化节开幕主题演讲中，Jean-Pierre Langellier 解释了当年选取 12 位"千年英雄"的机缘和背景，盛赞苏东坡的天才和人道精神，和我的推测一样。也就是说，苏东坡的人格和作品具有超越国族文化的共通性，能够引起读者的共鸣。只可惜，语言文字的障碍不容易突破。

翻译是一门功夫活，翻译古代作品尤其困难，前面提到《念奴娇·赤壁怀古》里面的"故国神游，多情应笑我，早生华发"，就有几种不同解读。文言到白话的解读有歧见，翻译者也有自己的看法，如何取舍？

我们看三种翻译：

1. 杨宪益、戴乃迭译：

In fancy through those scenes of old I range,

My heart overflowing, surely a figure of fun.

A man grey before his time.

在幻想中遨游那些往昔的场景，

我的心情满溢，仿佛成了笑柄。

一个未到白发之年就已苍老的人。

2. 许渊冲译：

Should their souls revisit this land,

Sentimental, his wife would laugh to say,

Younger than they, I have my hair all turned gray.

如果他们的灵魂重游这片土地，

感伤之下，他的妻子会笑着说，

比他们年轻，我却已白发苍苍。

3. 艾朗诺（Ronald Egan）译：

My soul wanders the ancient realm,

So full of feeling, others will laugh at me,

My hair turns grey prematurely.

我的灵魂漫游在古老的领域，

充满了情感，别人会嘲笑我，

我的头发过早变白。

你认为哪个翻译比较合乎年代看法呢？许渊冲译

的"他的妻子"，有人说是指周瑜的妻子（或是妾）小乔；有人说是指苏东坡的亡妻王弗。斯坦福大学的艾朗诺教授正在翻译苏轼的诗词文和书信，这将是一件巨大的工程，祝愿他顺利完成。

凡中秋节，必唱《水调歌头》

　　让大家都知道苏东坡，除了依靠翻译成外语，流行歌曲里也可以传递苏东坡的诗情画意。比如脍炙人口的《水调歌头》，每年中秋节都有人朗朗上口。

　　明月几时有？把酒问青天。不知天上宫阙，今夕是何年。我欲乘风归去，又恐琼楼玉宇，高处不胜寒。起舞弄清影，何似在人间。

　　转朱阁，低绮户，照无眠。不应有恨，何事长向别时圆？人有悲欢离合，月有阴晴圆缺，此事古难全。但愿人长久，千里共婵娟。

　　这阕词作于宋神宗熙宁九年（1076），词牌下有一段题目：《丙辰中秋，欢饮达旦，大醉，作此篇，兼怀子由》。当时苏东坡在密州（今山东诸城）任知州。在那里，苏东坡开始创作了《江城子·密州出猎》等风格豪放的词。苏东坡杭州通判的任期满了之后，想到弟弟苏辙在齐州（今山东济南）掌书记，希望能够到离弟弟近一点的地方任职，于是请调到山东。

苏东坡兄弟俩都在山东，诸城和济南现在的高速公路距离 259 公里，但当时仍然难以见面。这一年是苏东坡在密州的第三年，中秋节晚上，苏东坡和友人喝酒直到天亮，酩酊大醉。想到过了七年，还是不能和弟弟团聚，心中忧闷郁结，于是填了这阕词。

人的一生能够看几次中秋月圆呢？我举起了酒杯遥问苍天。不知道天上的月宫，今天是什么日子？我真希望能够像神仙一样乘着风飞上天，但是又担心月宫里，那么高的地方一定非常寒冷，我禁受不住。那么还是在人间，对着清朗的影子翩翩起舞快活一些。

月光从朱红色的楼阁转到了低矮的雕花窗户，照着无法入睡的人。月亮不应该让人们心怀遗憾，可是为什么总是在人们分离的时候满圆？我知道人间会有悲伤、喜乐、分离和团聚，就像月亮有时阴暗，有时光明，有时浑圆，有时缺形。这种事情自古以来都是难以让人们完全满意的。唯有希望和我分离的人能够长久健康，即使相隔千里遥远，我们也可以共同欣赏同一个美好的圆月。

无论你听的是邓丽君、王菲还是其他歌手的版本，这首《但愿人长久》总是特别在中秋节勾起人们对于无法团聚的亲人朋友们的感怀。本来只是写给弟弟的一阕词，通过歌曲的传唱，成为了代表人们的心声。苏东坡作品的穿透力，情感共鸣，千年如一。前文说到柳永的词是当时流行歌曲排行榜冠军，"凡有井水饮处，即能歌柳词"，苏东坡PK柳永的比赛，如今我们可以说："凡中秋节，必唱苏东坡《水调歌头》。"

给西方人讲苏东坡

珍惜能向大家介绍苏东坡的机会。2018年我应邀去美国斯坦福大学合授文图学课程，其中一个主题，谈赤壁之战、苏东坡前后《赤壁赋》及后世的《赤壁图》。我在大学的艺术图书馆借了研究室，调阅日本二玄社制作，范宽《溪山行旅图》和金代武元直的《赤壁图》高清复制件图。

上课前一周，我先到艺术图书馆借出这两件复制图查看。图书馆的工作人员非常热心协助，说："很久没有人调阅了。"他们很乐意我在课程中使用。上课那天，图书馆工作人员协助我先把范宽的《溪山行旅图》高挂在墙面；武元直《赤壁图》铺在桌上。我和同学们说："这两件是原寸复制。"同学们都很惊奇。没想到在电脑画面和图册里看到的作品，竟然比想象中的巨大和长幅。我们仔细观察了图像的细节，一起用汉语诵读武元直《赤壁图》后面的赵秉文题跋。抑扬顿挫，押韵合节。图书馆的工作人员听了，拍手叫好。说："虽然听不懂，但是觉得你们读的旋律像歌曲一样。"一位同学稍稍向他解释了这幅《赤壁图》的故事，他笑着说："真神奇！"

2020年10月，我应邀在网上为美国斯沃斯莫尔学院（Swarthmore College）的师生讲东坡词，题目是"*The Place of Love in the Song Lyrics of Su Shi*"（东坡词中的留恋之地）。听众们兴致高昂，讨论热烈，时间延长了四十分钟，欲罢不能。后来，一位心理系教授发电子邮件给我，表达她的激赏，说她任职于音乐系的丈夫对于我播放的东坡词吟唱感到特别惊艳！

是的，苏东坡的魅力能出东亚文化圈，横越太平洋。在网络的虚拟空间，无往弗届。我回信时，引用了东坡词里柔奴的话："此心安处是吾乡。"（Wherever my heart is at peace, is my homeland.）

如果下次我再遇见那位研究莎士比亚的专家同事，希望我能有机会告诉他：你我都在异国他乡工作，认识一下苏东坡，或许可以排忧解闷。他的词说得好："Wherever my heart is at peace, is my homeland."。

【拿来就用】

1. 苏东坡的作品在他还在世时就流传到辽国和朝鲜半岛。13世纪，流传到日本。19世纪末开始有苏东坡作品的英语翻译。目前苏东坡作品的外语翻译主要集中于日语、韩语、英语、法语和少量的德语、西班牙语和俄语。

2. 翻译古代作品需要双语的能力和汉学的功底。通过阅读翻译的作品，有时也可以帮助我们检视自己的理解程度。

3. 网上有句话："人生不读苏东坡，纵是学霸又如何？"你赞同吗？

第八章

第一次被苏东坡治愈

苏东坡让我沉静

常有人说苏东坡是治愈系的，读苏东坡的作品能够得到心灵安慰的效果。在 2020 年之前，我从来不觉得。

我读苏东坡作品，主要是从文学、艺术、历史、文化的角度。纵使自己的人生经历很多时候受到苏东坡的启发和点化，也不觉得那是为了治愈。

2015 年 9 月，应故宫博物院邀请，参加《石渠宝笈》国际研讨会，当时我谈的是延续潇湘八景研究，探讨《北京八景图》和题画诗。在酒店柜台报到时，收到苏东坡纪录片制作小组的采访邀请。导演很认真，设计了几页的提问，我笑说："好几个都像是让大学生作答的考题呀！"

然而心情其实并不轻松，就在飞往北京的飞机上，我赫然发现随身的笔记本电脑不见了！

那时为了贪图方便，在办公室做的 PPT 就直接存在办公室的笔记本电脑里。登机前检查行李，排在我前面的一位西方妙龄女子被要求把随身行李箱打开。她的行李箱一打开，里面的衣物就像爆裂开来，落在检查台的周围。我也帮她捡拾了几件掉落在地上的小物。这让我想到第一次去大陆旅行时的尴尬，不免对她也产生一些理解的情绪。然而，不确定她的行李箱到底带了什么不能够登机的东西，她和海关检查人员争执了起来！

我排在后面，心想时间可能就这样耽搁了，但也来不及换另外一个柜台检查，就这么干耗着。等到轮到我通过检查柜台时，登机的广播已经响起。

坐上飞机，趁还没起飞，我拉下座位前的小桌板，把手机电话卡换成大陆的，关闭手机电源，准备小睡一会儿。

啊！

我的笔记本电脑呢？

我赶紧请空姐帮忙。空姐跟我耐心解释：现在飞机的机舱门已经关闭，马上准备起飞。机舱门关闭之后，下一次打开就是降落的地点北京。

我说:"那是办公室的笔记本电脑,弄丢了麻烦可大了!能不能帮我在检查站找一找,下一趟飞机送来北京?"

空姐说:航空公司没有这样的服务,物件应该跟着主人上下飞机。何况,如果在检查站找到笔记本电脑,也不能确定就是我遗失的东西。我一直懊恼着。她安慰我说,可以留下我在北京的联系方式,如果可以运送到北京,我再去机场领取。

带着这微弱的一线希望,我入住酒店以后,赶紧先去附近的王府井买了一台新的笔记本电脑。幸好,学术报告的 PPT 档案还存在云端,从云端下载进电脑,研讨会中至少不会开天窗。

傍晚,救命的电话来了。我的笔记本电脑已经送到北京机场。谢天谢地!

机场工作人员问我:"明天什么时候来取?"我说不能等到明天,现在马上打车过去!在出租车上,摊开苏东坡纪录片摄制小组给我的访问题目,这才认认真真地思考该怎么回答。

摄制小组在开会的酒店租了一个房间作为摄影

棚，我身后的布景是苏东坡的《寒食帖》，顺着导演的引导，我顶着强烈的灯光滔滔不绝，侃侃而谈。今天一整天的纷扰，惊魂甫定，在谈苏东坡的时候，我又仿佛可以得到一种坚定的支撑力量，让我忘记紧张和不安。时而动情，时而平静，不知不觉竟然讲了一个半小时。

我开玩笑想：这是苏东坡附身了吗？录制到尾声，我突然觉得周围渐渐变得柔和，灯光不再那样刺眼，异常安宁的房间只有我还没有停的话语。身心游离，整个人像是要从座椅上飘浮起来……

苏轼的人生一跌，站立起一个苏东坡，一个千年英雄。

东坡鸡汤

纪录片在苏东坡诞辰 980 周年的 2017 年 7 月 17 日在中央电视台播放。隔天，朋友发来我在电视上的画面截图。后来告诉我，六集节目每集你都出镜了。是啊，我可能是所有受访的来宾里录制节目最长的了。

我是在 70% 为 24 岁以下用户的 Bilibili 网站看的《苏东坡》纪录片，除了欣赏实景加上动画的影音效果，世界各地苏东坡研究者谈苏东坡的高见，更有趣的是视频上划过的弹幕，即时传达了观众的心声：时而说"美哭"，时而发"6666"，时而露两句苏东坡的诗词。在我出现的画面，则有人替观众加注解："衣若芬，台大文学博士，研究宋元题画诗和苏轼书法的专家。"有的说："哇，居然有衣这个姓氏，长见识了。""这主任的名字像止痛药。""这名字真好，衣若芬。"

许多人都是被老师要求观看，跪求分享心得来交报告。

像飞鸟扇动翅膀，飞过一行"治愈了治愈了治愈了……"

"治愈"，是治了什么？

过去我们总把书籍当成精神食粮，可以填补心灵的空虚。阅读，或者是看《苏东坡》纪录片可以"治愈"的概念，是怎么回事呢？"治愈"，似乎是面对一个有病的客体，需要被什么物件或方法给安抚和救助。

于是我写了一篇文章《东坡鸡汤》，想大家把苏东坡的作品当成心灵鸡汤。被要求看纪录片写心得报告的同学们，搜索枯肠，总得掰出一些有道理的话，就像12世纪古代朝鲜的高丽时代，读书人竞相仿效苏东坡的文笔应付科举考试，以至于放榜时有"今年又三十东坡出矣"的说法。那些信手拈来，或嬉笑或认真的弹幕，只能发一时的牢骚和倾慕。毕竟对青少年来说，新旧党争的历史太遥远，还是吃货的形象亲切。不畏权势的幽默大师，把贬谪之路走成探吃之路，喝下一碗又一碗的鸡汤，有病治病，无病强身，倒也还云淡风轻。

4月的圣诞卡

直到 2020 大疫之年，新加坡政府实行阻断措施，除非绝对必要，避免出门，我才真的感到，不是"东坡鸡汤"，是"东坡疫苗""东坡解药"！

整天关在家中，杜绝传染源；沉溺在新闻媒体的各种疫情消息，我几乎难以呼吸。以往每年四月，学期已经过了一半，就开始准备安排假期。现在只能在网络上课，不但每天要上网通报自己的体温是否正常，大学也已经规定，到 12 月底，停止所有出国休假的申请，航班也几乎不飞了。我被困在新加坡岛国，在大楼的一个单元。

台北版的《陪你去看苏东坡》4 月上架，出乎意料地受到读者热烈欢迎，很快再刷、三刷、四刷……

我看着网络书店畅销书排行榜居冠的截图，感到很不真实。我从来没有考过第一名，竟然托苏东坡之福，坐上了冠军的宝座！即使如此，心情并未因此感到欢欣雀跃。买不到口罩、买不到体温计；我没有跟着疯抢卫生纸和方便面；传统市场关闭，改在网络购买食物，受到限量管制。

世界封锁了，似乎诸事停摆。我好像也除了上网课，无所言语，幽闭深居。

一天，门铃响了。一位皮肤黝黑的青年站在门口，叫着："衣老师！"

一般送货来，我为了避免直接接触，都只在门内回应："放在门口就好，谢谢。"

但那天我听到叫"衣老师"，想都没想，直接开了门。

不是我的学生。他送来了沉甸甸的一个牛皮纸袋。

我接过纸袋，关上门，没急着洗手，就着客厅天雨欲来的光线，打开纸袋。

里面是4瓶咖啡，一包手工饼干和一张卡片。

卡片上写着：

老师，您好！虽然现在不是圣诞节，但这是目前我家仅存的卡片，所以只能寄上一张不应景的贺卡了。这不符或许也正反映此刻实况吧，呵呵。

我合上卡片，立即泪崩。

现在才四月啊。我能不能够活到过今年的圣诞节呢？

交通断绝，网络通讯无以解脱我不能返乡和家人共渡难关、相会遥遥无期的抑郁忧心。异国打拼，身不由己，得失更与何人说？陷于孤岛，好似什么努力都是白费的，什么成果也都没有意义。

于是一如既往，我随手翻开苏东坡的文集：

吾始至南海，环视天水无际，凄然伤之，曰："何时得出此岛耶？"已而思之，天地在积水中，九州在大瀛海中，中国在少海中，有生孰不在岛者？覆盆水于地，芥浮于水，蚁附于芥，茫然不知所济。少焉水涸，蚁即径去，见其类，出涕曰："几不复与子相见，岂知俯仰之间，有方轨八达之路乎？"念此可以一笑。戊寅九月十二日，与客饮薄酒小醉，信笔书此纸。

这是哲宗元符元年（1098）苏东坡被贬谪到海南岛一年多写的《在儋耳书》（又名《试笔自书》）。说到自己刚到海南岛的时候，四顾水天相连，无边无际，心中感到凄凉伤心。我什么时候能够离开这个岛呢？后来又想到：世界就在积水之中，大地在大海中，中国在少海中，人们谁不是住在岛上呢？把一盆水倒在地上，草浮在水上，蚂蚁爬上了小草，不知道该怎么办？不久，水干了，蚂蚁离开，见到它的同类，哭着说："我几乎无法再和你相见！哪里知道一会儿就会有四通八达的道路呢？"想到这里，苏东坡觉得自己也挺好笑。于是在和客人喝酒喝得醺醺然的时候，直接就拿纸笔写了这篇文章。

是啊！地球70%的面积是海洋，土地相连的各洲大陆也是一个个大岛呀。我们本来就生存在各自的岛屿，有关心我的学生，有我牵挂的亲人。大疫如天降洪水，暂时将我们推上草芥。这灾祸终将如洪水消退，回到可以畅通交流的状态，需要的是耐性和信心。

人人都是浮岛

万念俱灰时，我们还有苏东坡。

感谢这世上有了苏东坡。庆幸自己身为华人，能用母语进入苏东坡的思想世界，让苏东坡的智慧精华如同疫苗般，保护我们在人生低谷防御灭顶的恐惧，在心灵撞击受挫时，疗养自己的伤口。

原来，这就是苏东坡的治愈能量啊！

套用苏东坡的岛屿譬喻，我想，人人都是浮岛，有的人边界很浅，容易和他人连成一块；有的人界限分明，需要桥梁或是船只沟通。平常时期，大家各自为政，相安无事。遇到特殊情况，或是困难逆境，只能独力解决时，有的人背负痛苦磨炼，沉入水底，借着意志信念为能量，挣扎推动水的浮力，自己摆动四肢，向上泅游，将负担溶解于水中，再度挺立。相反地，有的人一蹶不振，自暴自弃，看不见、找不到、感受不出可能支撑的能量，任凭沉浮生灭。

所以，人浮于世，不只是偶尔喝碗心灵鸡汤，让自我感觉良好；而是要找到比鸡汤滋补，更强大的能量。这能量，毋庸置疑，对于我，就是苏东坡。有了这样的体悟，我写了《倍万自爱：学着苏东坡爱自己，享受快意人生》这本书。很荣幸获选为《联合早报》2021年十大年度好书。简体字版《自爱自在：苏东坡的生活哲学》也得到《人民日报》《北京晚报》等媒体推介。

此心安处是吾乡

谈到苏东坡的治愈效果，经常被引用的一句话，就是"此心安处是吾乡"。出自苏东坡的《定风波》：

> 长羡人间琢玉郎，天应乞与点酥娘。
> 自作清歌传皓齿，风起，雪飞炎海变清凉。
>
> 万里归来颜愈少，微笑，笑时犹带岭梅香。
> 试问岭南应不好，却道，此心安处是吾乡。

这阕词下面有苏东坡自己详细的注解：

> 王定国歌儿曰柔奴，姓宇文氏，眉目娟丽，善应对，家世住京师。定国南迁归，余问柔："广南风土，应是不好？"柔对曰："此心安处，便是吾乡。"因为缀词云。

说的是友人王定国受到苏东坡乌台诗案的牵连，被贬谪到广西，他家的歌姬柔奴一直跟随王定国。五年以后，他们回到京师，和苏东坡见面了，苏东坡问柔奴："广西的生活很苦吧？"柔奴回答说："我觉得心里能够安定的地方，就是我的家乡。"苏东坡大为感动，为柔奴填了这阕词。

词的一开头，苏东坡形容王定国和柔奴郎才女貌，有如天生的一对。柔奴善于唱歌，她唱歌的时候，炎热的地区也仿佛能够变得清凉。他们俩，在千里之外的岭南度过了苦日子，可是王定国还是一如既往，并没有显得苍老衰颓。谈起在广西的岁月，微笑中仿佛还带着梅花的香气。柔奴也对不如京师的生活不以为意，"此心安处是吾乡"。

此心安处的"安"，一般解释为"安定"，我想还有"安顿"和"安宁"的意思。如果每一个人都是一座浮在水面的岛，生命中免不了漂泊，那么无论在什么地方，首先是要能够安顿身心。柔奴和王定国在岭南，一定也是能够处理日常生活，并且得到心灵的安宁平和，才可能将他乡作为故乡。处处无家处处家，这也是我们前面讲到苏东坡《六月二十七日望湖楼醉书》诗里的"我本无家更安住，故乡无此好湖山"。在还没有遭受乌台诗案的打击之前，苏东坡就已经有以四海为家的想法了。任何环境都有它的优缺点，关键是我们的心态和欣赏的眼光。

知道什么是人生的终极追求？不用只靠借助外力来治愈自己，而是自己自觉，明白人无法长期像吃慢性病药似的，不断靠治愈来支撑人生。治愈的结果是什么呢？或者说，通过一时的治愈，希望能够达到终极的理想是什么呢？在苏东坡的作品里，我找到一个字——"闲"。

无晴无风雨，有闲人

苏东坡在黄州的词《定风波·三月七日沙湖道中遇雨。雨具先去，同行皆狼狈，余独不觉。已而遂晴，故作此》：

> 莫听穿林打叶声，何妨吟啸且徐行。竹杖芒鞋轻胜马，谁怕？一蓑烟雨任平生。
>
> 料峭春风吹酒醒，微冷，山头斜照却相迎。回首向来萧瑟处，归去，也无风雨也无晴。

和在西湖的《饮湖上初晴后雨》相反，这次苏东坡是先以为会下雨，准备了遮雨的东西，后来觉得没必要，让人先拿回去。谁想到人算不如天算，竟然真下雨了。一起去沙湖的人都被淋成了落汤鸡，苏东坡觉得没什么关系，就听着雨点打在树叶上。一边慢慢走，一边吟诵诗歌，撮起嘴发出悠长的声响。拄着竹杖，穿着草鞋，觉得比骑马还便利。什么都不用怕，就这样穿着蓑衣随兴地在蒙蒙烟雨中行走一辈子吧。淋了雨，吹着风，身上感到有点冷。这时，山上的夕阳霞光迎接着我们。回头望向那曾经走过的沧桑道路，归途中没有风雨，也没有晴天。

（插一句话，苏东坡后来手臂微恙，不知道是不是因为淋雨生病了？）

人生无晴无风雨，那么，还有什么呢？有"闲"。

哲宗元祐年间，苏东坡被召回朝廷，之后调去杭州，再回朝廷，元祐六年（1091）再调往颍州（今安徽省阜阳市）。颍州是苏东坡的老师欧阳修曾经担任知州的地方。欧阳修晚年在颍州退休。想当初，苏东坡和弟弟进京考试，主考官欧阳修就是误认了苏东坡的考卷，以为是自己的学生曾巩的作品，于是让苏东坡得了个第二名。苏东坡非但没有责怪欧阳修看走眼，还始终对欧阳修毕恭毕敬。苏东坡到颍州，欧阳修早已去世。他想到了欧阳修自称"六一居士"，以自己一位老翁，身边有一万卷书、金石遗文一千卷、一张琴、一局棋和一壶酒的惬意生活，写下了词《行香子》：

清夜无尘，月色如银，酒斟时须满十分。浮名浮利，虚苦劳神。叹隙中驹，石中火，梦中身。

虽抱文章，开口谁亲。且陶陶乐尽天真。几时归去，作个闲人。对一张琴，一壶酒，一溪云。

词下片的"对一张琴，一壶酒，一溪云"。显然致敬了欧阳修的《六一居士传》。不同的是，苏东坡的闲情除了物质上的琴和酒，还有大自然的溪上云彩。他是在月色皎洁清凉的夜晚，想到自己短暂如白驹过隙，电火石光中梦幻般的生命。为了虚浮的名利而苦劳精神，即使有受人欢迎、可以传世的文章，但谁又是能够成为知己的人呢？真希望自己可以很天真快乐地过生活，什么时候真的可以归隐，做一个自由自在的闲人？

闲人的"闲"，不只是时间上的自主，还有行事做人的自由。

前文提到《念奴娇·赤壁怀古》中，苏东坡感叹自嘲已经年老，却无法摆脱对于历史时空的牵挂，满溢情怀。以"人生如梦，一樽还酹江月"，匆匆结束这阕词，似乎意犹未尽。后来他在元丰五年（1082）至少三次在游历赤壁，写下了前后《赤壁赋》，反复思考人生的终极问题。在（前）《赤壁赋》，他用对立二分法的方式，谈人们从变和不变的视角来观看世间万物，会得到不同的结果。之后，在《后赤壁赋》，他从遥望孤鹤掠过小舟，到梦见两位道士，觉悟变化并非绝对。人在自然界中，何其卑微？直面自己的脆弱，仿佛《寒食帖》时的心境，但这一次苏东坡不是穷途末路的哀感，心如死灰的绝望，而是反求诸己，通过道士问自己"赤壁之游乐乎？"思索什么是自己人生的大乐。《后赤壁赋》没有直接写出苏东坡思索的答案，我们在隔年的《记承天夜游》看到了和知己同为人间闲人，无需太多言语，便能心有灵犀，徜徉大自然，过清静悠闲的生活。这是苏东坡的人生大乐。

读懂《记承天夜游》，宇宙世界都是你的

《记承天夜游》只有短短的 83 个字。2022 年，本来在台湾教科书中被阅读了三十年的这篇作品，因为中学课程修改而被删除了。在一片遗憾声中，有人大言不惭地批评这篇作品的缺失，说什么"《记承天夜游》算不上震动灵魂的大作，篇幅很短，放在现在就是一则随手发的推特，信息量很少，内容无足可观，文学技巧也很简单。"

我并非为了捍卫苏东坡，而是想到韩愈的诗："蚍蜉撼大树，可笑不自量。"无知真可怜，无知还强作解人，通过互联网和新闻媒体炒作，更是可悲。

《记承天夜游》虽然简短，没有什么忧国忧民的大抱负，没有绚丽夸张的文学辞藻，但苏东坡谈的是一种"豪华落尽见真淳"的境界，是《念奴娇·赤壁怀古》、前后《赤壁赋》之后的极致了悟。

元丰六年十月十二日夜，解衣欲睡，月色入户，欣然起行。念无与为乐者，遂至承天寺寻张怀民。怀民亦未寝，相与步于中庭。庭下如积水空明，水中藻荇交横，盖竹柏影也。何夜无月？何处无竹柏？但少闲人如吾两人者耳。

谈《寒食帖》的时候，我们已经知道这是苏东坡在黄州的第四个寒食节，他焦虑郁闷，不知道接下来朝廷将如何处置他？他将何去何从？又过了半年，未来的发展还是没有迹象。他反复在传说中的古战场，思索历史与个人命运，逐渐想自我超脱，从率然地以一杯酒祭奠江上的清风和山间明月（《念奴娇·赤壁怀古》），到把清风明月作为宝藏，尽情享受（前《赤壁赋》），再到萧瑟的秋冬之夜，自己舍舟登岸，被山鸣谷应的回响震撼（《后赤壁赋》）。

这个普通的十月十二日，苏东坡因为日前九月二十七日朝云生子苏遁，老来再得子，情绪可能仍有波动，他说自己正准备要入睡，是因为月光照进了室内而起身外出。见到"月色入户"，这就是苏东坡感受的乐。个人的乐不如和人分享，于是他想到好朋友张怀民，所以就到了承天寺去找张怀民。刚好如他所猜的，张怀民也还没睡，两个人就一起走到了寺庙的中庭。中庭皎洁明亮的月光，像是积满了水。水中纵横交错的水草，其实是周围竹子和柏树的影子。苏东坡感叹：哪一个晚上没有月亮？哪个地方没有竹子柏树？苏东坡之所以乐，是因为和张怀民一样，都是懂得品味生活的闲人。

这里的"闲人"，有一点点自我嘲讽的意思：没有公务必须办，没有正经事可以做，所以有时间。然而，有时间还不足以说是"闲"。"闲"是心态上的一种平静和悠然自得，把普通物质转换，想象光线化为液体，那么观景的人仿佛在岸上，也有如漂浮徜徉在景光中。苏东坡再次使用了《蝶恋花》词的句式——"天涯何处无芳草"，来写"何夜无月？何处无竹柏？"用反问的语气质疑。然而答案是肯定的。他在这里打了一个结，让读者从怀疑到深信不疑。唯其我们深信不疑，才能体悟这寻常日子的非凡乐趣。

我在《记承天夜游》中读到了苏东坡的坚强意志。

看似轻描淡写，甚至于被讥笑说是有如现在网络的废文。仔细品味，都是苏东坡用带有灵性的第三只眼在观照世间自然，用自得其乐来自我疗愈。这是一缕清香，是嗅觉敏锐，思维深沉的人才闻得到的清香。

【拿来就用】

1. 把苏东坡的作品作为"有病治病，无病强身"的鸡汤，是时下流行的一种阅读方式。

2. 比起"东坡鸡汤"，更厉害的是"东坡疫苗"和"东坡解药"。

3. 苏东坡是从品味寻常的大自然中自得其乐，自我疗愈。

第九章　第一次烧东坡肉

苏东坡肯定没吃过东坡肘子

我平常不大爱吃肉，在娘家做女儿时，喜欢和妈妈一起多吃青菜。婚后掌中馈，家人无肉不欢，于是我也不得不变着花样，做各种肉食料理。但还是尽量挑海鲜、鸡肉、牛肉。烹调猪肉的话，用里脊肉、排骨和绞肉，很少煮五花肉。

五花肉又叫三层肉，猪皮和瘦肉中间是肥肉，切成薄片煎烤，或是放入火锅氽烫还好，吃不到油腻腻的肥肉。整块的五花肉让我望而生畏，不是担心热量，就是天生对于肥肉有一种恶心的感觉。所以我从来不会想要自己烧东坡肉。

我在黄州、杭州、眉山、台北等地方，都吃过不同口味的东坡肉。黄州和杭州都自称是东坡肉的发源地。2010 年在黄州吃的东坡肉，厨师特别还将冬瓜刻成书册的样子，上面写着"东坡肉"三个字。白色瓷盘上整整齐齐摆着切得方正的东坡肉，入口即化。台北的天香楼是米其林一星餐厅，拿手的是杭州菜，和杭州的楼外楼都主打东坡肉。杭州版的东坡肉带着甜味儿。打开小蒸碗的盖子，一块油亮滑嫩的五花肉，肉香扑鼻。楼外楼的东坡肉是深巧克力色，酱汁黏腻浓郁，旁边缀着一叶小青菜，搭配折叠成三角形的蒸面饼吃。天香楼的东坡肉块头比较大，柔和的浅褐色，酱汁水分比较多，十分下饭。

眉山的东坡肘子就是蹄髈，分量更多一些，肯定是近代的新创。水煮蹄髈，淋上辣豆瓣酱爆炒的葱蒜香料，地道的四川口味。我曾经做了一些调研，参考了学者的论文，考证大家经常引用的《猪肉颂》并不是出自苏东坡，而是来自南宋的一本伪书《东坡注》。而"东坡肉"的名称到明代才出现，我因此写了一篇文章，叫《东坡没吃过东坡肉》。苏东坡非但没吃过黄州和杭州的东坡肉，更是肯定没有吃过四川的东坡肘子。辣椒原生于美洲，到明代才传入中国的呀！

第一次烧东坡肉就上手

想吃东坡肉，现在很多餐馆都有，不讲究的话，也都对付着能吃，不必自己烧。

2020年新冠肺炎疫情打乱了我原本的年度规划，半封城的状态也使我不得不改成网上订购食材。网络超市的肉类一样丰富，不过肉品的部位选择有限。我收到了四月的圣诞节卡片，转眼就到中秋节。这个中秋节，没有应景的月饼和柚子，我哼唱着《但愿人长久》，想想，中秋节，毕竟还是要有点仪式感。不能去户外赏月，就在家里自己试着烧东坡肉吧！

看了很多教做东坡肉的视频，我学了最简单的。去日本旅游时，有一次买的火车便当装在小陶瓮里。我把小陶瓮当成纪念品带回家，想不出有什么用途，造型普通，也没有展示的价值，就一直塞在厨房的橱柜角落。看视频说东坡肉用砂锅做别有风味，这尘封已久的日本小陶瓮才终于又重见天日了。

长条的五花肉洗干净，放在注清水的锅子里，加入葱段和姜片，大火汆烫，去除血水以后取出，切成正方形，在猪皮部分划上十字。小陶瓮底铺葱段姜片，上铺五花肉块，然后再铺一层葱段姜片，上铺五花肉块。家里葱段不够，我加了蒜苗，倒入清酒和酱油，加一点冰糖，小火炖煮。听得见瓮里咕嘟咕嘟的沸腾声。二十分钟左右，就闻到了东坡肉的香气。炖煮三十分钟关火，让陶瓮里的温度继续焖烧。第一次烧东坡肉，就大功告成啦！

　　泰国的长香米搭配东坡肉，绝妙的组合。如果说在异国烧家乡菜，是为了安慰思乡之情。2020年的中秋节，我把东坡肉增添了南洋的风味，是拓展了东坡肉的味觉空间吧。

日本人的《东坡食谱》

2017 年日本集英社出版大河原遁的漫画《东坡食谱》，书中选了五种与苏东坡相关的食物，首先就是东坡肉，其次是玉糁羹、东坡豆腐、二红饭和豆粥。我们来看看日本作者介绍的那些东坡食物是什么味道。

"玉糁羹"是苏东坡取名，他的小儿子苏过陪伴他在海南岛生活的时候发明的，材料很简单，就是山芋和米煮的粥。苏东坡的诗叙述了玉糁羹的由来:《过子忽出新意，以山芋作玉糁羹，色香味皆奇绝，天上酥陀则不可知，人间决无此味也》。"酥陀"一名"酥酡"，是古印度的奶酪制品，苏东坡父子大概在海南岛"顿顿食薯芋"，每餐吃山药和芋头吃腻了，况且"北船不到米如珠"（《纵笔三首》之三），米像珍珠那么珍贵，掺入一点米粒（糁）熬成粥，就觉得好吃得不得了，要大大表扬一番。

顺带一提，有的学者解说"薯芋"是番薯和芋头，其实苏东坡没有吃过番薯，和辣椒一样，番薯也是原生于美洲，明代才传入中国。

苏东坡说玉糁羹"色香味皆奇绝"，来自佛教典籍《法苑珠林》谈到酥酡，说"色触香味，皆悉具足"，后来成为我们对饮食的品味，要求"色香味俱全"的标准条件。

"东坡豆腐"也是后人为苏东坡发明的东坡菜。前文说到陪苏东坡夜游赤壁，吹洞箫的道士杨世昌教苏东坡制作蜜酒，苏东坡写了《蜜酒歌（并叙）》，和《蜜酒歌》的续篇《又一首答二犹子与王郎见和》，这首诗是写给子由的两个儿子和女婿王子立，里面有两句"煮豆作乳脂为酥，高烧油烛斟蜜酒"，讲的不是豆腐，是农家清简的下酒菜，把水煮豆子的汁当成奶，好像可以提炼成美味的酥酡。

"二红饭"是苏东坡在黄州东坡耕种收成了大麦，刚好家里的米吃完了，于是煮大麦吃。但是大麦粗粝，难以下咽，孩子们吃了，说像是在嚼虱子，不吃，又难忍饥饿。后来加上了红小豆一起蒸煮，苏东坡的夫人王闰之说：这叫作"新样二红饭"。

苏东坡将饮食拮据的窘况写成家庭日常的笑语。"嚼虱子"听起来挺恶心，人饿到无所选择，虱子也吃，是何等狼狈？苦中作乐，难得在苏东坡诗文中现身的夫人，说我们没有大米加红豆的二红饭，我们吃的是新样的二红饭，不也能填肚子？

《豆粥》诗作于元丰七年（1084），苏东坡离开黄州前往汝州的途中。他用了落魄时的汉光武帝刘秀和炫富的石崇吃豆粥的典故，表达一碗普通的豆粥滋味因人而异。诗篇后段，苏东坡写道：

> 身心颠倒不自知，更识人间有真味。
>
> 岂如江头千顷雪色芦，茅檐出没晨烟孤。
>
> 地碓舂秔光似玉，沙瓶煮豆软如酥。
>
> 我老此身无着处，卖书来问东家住。
>
> 卧听鸡鸣粥熟时，蓬头曳履君家去。

要能够品尝得出人间真正的美味，靠的是身心的平衡。就像是江边的白色芦苇，早晨茅草屋的屋檐飘出炊烟。洁白如玉的米已经舂好了，砂锅里的豆子也煮得软酥。苏东坡说自己是卖了书，才能够找到旅店借住。听到鸡叫了，想到店家的粥应该煮熟了吧？顾不得梳头，随意跋拉着鞋子，就喝粥去了。这豆粥应该不会像新样二红饭那么难以入口吧。

中华料理的"东坡"品牌

虽然东坡肉和东坡豆腐，都不是苏东坡发明的。真正自己冠上"东坡"名号的，只有"东坡羹"。在《东坡羹颂（并引）》开篇，苏东坡写道："东坡羹，盖东坡居士所煮菜羹也"。这是在黄州时煮的蔬菜粥，做法是把白菜、萝卜、大头菜、荠菜（一说芥菜）揉洗几遍，去掉辛辣苦味，加一点油和水，煮成菜汤，再放一些米和生姜。苏东坡在海南岛写《菜羹赋》，讲的就是东坡羹加豆子一起煮。南宋陆游在四川品尝过当地人说的东坡羹，赞不绝口，写了《食荠糁甚美盖蜀人所谓东坡羹也》。仔细看《东坡羹颂》和《菜羹赋》，食材是现成的各种蔬菜和豆子，有点我们现在"清冰箱"的概念，而且米比菜珍贵，多搁一些菜，是为了弥补主食米饭的不足啊。

还有一道后人称为"东坡鱼"的料理也很有意思。苏东坡在黄州写了《煮鱼法》，做法是：把新鲜的鲫鱼或是鲤鱼洗净去鳞，放入盛冷水的锅内，加盐，摘些白菜心和葱白一起煮，不要搅动。等煮半熟以后，加入等量的姜泥，萝卜汁和酒，起锅前再加些橘皮丝增加香味。你要不要试着做做看？

另外，苏东坡一生居住过的主要18个城市都积极开发各种打着"东坡"名号的产品，真空包装的东坡肉不在话下，还有东坡饼、东坡酥、东坡酒……不胜枚举。有一年上"苏东坡文学与艺术"的课，有位同学带了爸爸去海南岛出差买回来的伴手礼，是一大包密封的整只鸭子，叫作"东坡鸭"。我想了半天，想不出来苏东坡在海南岛什么时候提过吃鸭子？后来恍然大悟，虽然不是在海南岛做的诗，但是"春江水暖鸭先知"的"鸭"，到了海南岛，就被做成东坡鸭了啊。

食物和治愈

我在美国教书的时候，在一家超市看到广告牌，写着"Food is healing"（食物是治愈），真是刺激购买欲的极好宣传。顾客看到琳琅满目的食材，难以取舍，抬头看到提醒"食物能治愈"的广告牌，不管是口腹之欲，还是帮助心灵，好像都可以靠食物来满足和解决。

苏东坡除了提出"色香味俱全"的饮食水准，还自称"老饕"，写了一篇《老饕赋》。"老饕"大概就相当于我们现在说的"吃货"。苏东坡重视吃、爱吃、能吃，自创有意思的食物，称他是"吃货"并不为过。可是如果只从吃货的角度来认识苏东坡，那可就把苏东坡看扁了。《老饕赋》里面写的各种精致的饮食，让我们读了也跟着流口水：猪颈脖最嫩的一块肉，秋天霜降之前螃蟹的两只螯，蜂蜜煎樱桃，羔羊肉搭配杏仁酪，半熟的蛤蜊淋一点酒，酒糟腌的微生螃蟹。用精

185

美的玻璃杯盛上等的葡萄酒，娇滴滴的美女来歌舞作陪。吃喝得双颊红润，醉眼惺忪。酒足饭饱，再用兔毫纹样的杯盏饮雪乳般的茶，呀！太快活了！东坡先生忘了所有烦恼，海阔天高。这老饕就是集美食而养成的啊！

且慢，《老饕赋》其实是苏东坡在海南岛一穷二白的情况之下写的，就像阿城的小说《棋王》里面说的，是"精神会餐"，洋洋洒洒的老饕食单，其实反讽的是自己三餐不继。

所以，不能只看苏东坡文字里陈列的山珍海味，而是可以想一想：苏东坡为什么要写这些看起来无关宏旨的生活片段，甚至饮食想象？是否苏东坡就是借着书写饮食来自我治愈呢？

为吃而活，为活而吃

前面我谈到被苏东坡的作品治愈的经验，用苏东坡说"大陆也是岛屿"的框架，推演出人浮于世，就像一个一个的孤岛。当心情低落或是受到挫折打击时，文学艺术是在我们沉入水中时，支撑我们再度浮起的精神力量。食物比文学艺术更直接，让我们的身体吸收养分，维持生命活力。糖分能够刺激大脑的多巴胺；咖啡因具有一定的提神功能，这些比看一部电影、一本小说能带给我们更高效的治愈结果。而且除了花费金钱，几乎不大需要什么门槛。你看那些流量大、粉丝多的网红博主，大部分都是提供各种美食的信息，或者用吃播来让观众投入注意力。最常听到的形容词，就是吃了某某"有幸福的感觉"，好像人能感受的幸福是从味觉来的。

如果按照这样的想法，我们也很容易认为仕途一再受阻，被贬谪的环境越来越恶劣，苏东坡只能用食物来慰劳安抚自己，说他的贬谪之路，就是一条开发中华饮食之路——广东惠州的羊蝎子、海南岛的生蚝，就是被苏东坡代言而闻名全国。这种说法虽然不能说是错的，但也只是苏东坡饮食人生的一小部分。

深挖那底层的意涵，我认为苏东坡不是人们以为的，"为吃而活"的吃货，而是"为活而吃"的普通人。由于找不到所谓"正常"的食物，而不得不接受各种特殊的"别味"——蝙蝠、老鼠、蛤蟆，我们不能确定苏东坡在海南岛是不是真的吃过这些，和他在黄州形容二红饭如同嚼虱子一样，都令人感到他不是追求口味的好奇尝新，实在是如同他到海南前后一直强调的，希望能够"生还"。为了能够生存，六十岁的老人，知道必须面对现实。

先父是历经战乱，逃难的一代。他生前经常对我们挑食大发雷霆，说："没饿极了！饿极了，什么都吃！"他教育我对于食物保持淡然的态度。为传说中的美食长时间排队，耗费大把金钱，甚至借以标榜自己是什么美食家，简直愚蠢到头！嗜欲深，天机浅。我还没学《庄子》，父亲就说过了。

读到苏东坡说在海南吃不到肉，当地人吃刚出生的老鼠，蘸蜜吃，叫作"蜜唧"，我忽然明白，为什么小时候邻居来我家阁楼，拿那一窝刚出生的粉红色半透明小老鼠。父亲从来没有过批评邻居，那是治愈他们的食物。

我羡慕懂得吃的人们，也感激先父把我教养成对某些欲望钝感，至少，我从来不会因为没吃到天下美食而遗憾。

以我这样低的标准，你问我："第一次自己烧东坡肉，好吃吗？"我当然会自我感觉良好啦！

人间有味是清欢

终究，还是习惯粗茶淡饭。

苏东坡《浣溪沙》：

> 细雨斜风作小寒，淡烟疏柳媚晴滩。入淮清洛渐漫漫。
>
> 雪沫乳花浮午盏，蓼茸蒿笋试春盘。人间有味是清欢。

清晨的轻微风雨，带来寒气。河滩边淡淡的烟雾缭绕放晴后的稀疏柳树，显得格外明媚。眼看那汇入淮水的洛河逐渐丰沛。中午喝了漂浮着乳白色泡沫的清茶，吃的是春天新鲜的蓼芽和蒿笋。人世间最有滋味的，就是这样清雅的欢愉。

平淡中自有喜乐，这才是我消受得起的生活日常。

心理学家马斯洛（Abraham Harold Maslow，1908—1970）将人的需求分为几个层次，最底层的是满足生存需要的生理需求（physiological needs）；最顶层的是超自我实现（Over Actualization）需求。吃喝拉撒睡就是一般人的基本生理需求，苏东坡也不例外。然而，他能体悟生理欲求的有限，以及向超自我实现提升的无限拓展，也就是从物质的层面到精神的境界。我们解读苏东坡的饮食书写，也别忘了苏东坡主张的养生，包括养身和养心，身心协调，是人的动物性加上灵性。

甘苦尝从极处回

品味饮食依靠感官，尤其在味觉。《东坡羹颂（并引）》中，苏东坡说他独创的东坡羹，"不用鱼肉五味，有自然之甘"。鱼和肉的滋味鲜明，容易令人吃出富饶饱足的充实感，细嚼慢咽，蔬菜里也有美好的香气。苏东坡的颂词写道：

甘苦尝从极处回，咸酸未必是盐梅。问师此个天真味，根上来么尘上来？

这里用了佛教的典故。《楞严经》："根尘同源，缚脱无二。"我们说"六根清净"的"六根"，是眼、耳、鼻、舌、身、意，也就是五官加上意识，是让我们能够感受"六尘"：色、声、香、味、触、法的原因和工具。

"六尘"是使用"六根"的结果。我们以为是先有了六根，然后感知六尘，比如有眼睛才能看得到物象

（色），眼睛运作，产生视觉。

六根→六尘

《楞严经》则告诉我们，六根和六尘不是分开进行的，而是来自同一源头。这个源头，佛家说是理，道家说是道，科学家说是大脑。科学家已经证实，我们的行为不一定是先有了意念才开始行动，有时同时进行，有时先行动了，意念才生起，有时则相反。

就像我们闻到飘来的饭菜香味，还没有闻到之前，我们不晓得有饭菜，闻到香气，知道可能某处有饭菜，觉得自己的鼻子挺敏锐，这便是先感知六尘，然后注意到六根。

六尘→六根

回到苏东坡的颂词。他说（食物和人生）是甜是苦，往往是在最极端的情况之下反复感受，我们品尝出的咸味或者是酸味，也未必只是从盐或者是梅子产生的，来源不一。所以天然纯真的味道，不必分是从根，还是从尘得到。呼应《楞严经》说的根尘同源，没有束缚和解脱的二分，这也就是《六祖坛经》说的："凡夫即佛。烦恼即菩提。"人人都可以成佛，只要知道人生的烦恼就是给自己成就智慧的契机。

沉溺在烦恼,如同执着于饮食的甘美,往往堕入恶俗欲念。欲念如深渊难填,只有找到治愈自我的方式,知道凡事适可而止。你想,天天吃东坡肉,非吃东坡肉不可,不吃就不开心的话,本来的快意洒脱也会变成限制束缚。到头来吃怕了,好吃的快乐,反而变成了嫌腻的痛苦,不就正是"甘苦尝从极处回"吗?

吃了"作驴作马"

吃，是人生一乐，怎么被我上了这么多高大上的价值？假如你也想像苏东坡一样，当个地地道道的老饕，上这些价值也不为过。再来看一首人们往往解释错误的《食豆粥颂》，算是这一章的甜品彩蛋。

前面讲到苏东坡吃豆粥，对比了刘秀和石崇，一倥偬，一豪奢，豆粥丰俭由人。《食豆粥颂》吃的是僧人煮的豆粥，苏东坡吃出了"作驴作马"的领悟。

道人亲煮豆粥，大众齐念《般若》。老夫试挑一口，已觉西家作马。

颂词很口语，很像佛教禅宗的公案话头，意思却不能一眼看穿，关键是最后一句。有的人不能理解什么叫作"西家作马"，说是苏东坡吃了这个豆粥，好像进入了西方极乐世界。哇！这是什么仙丹？如果吃了豆粥进入西方极乐世界，那么就不必再吃东西了。

"西家作马"的典故有多起，这里只举《五灯会元》的例子。有一个僧人问长沙景岑禅师："师祖南泉普愿禅师圆寂了，他去了哪里？"

景岑禅师说："东家作驴，西家作马。"

僧人表示不明白。

景岑禅师又说："要骑即骑，要下即下。"

那位僧人应该还是没听懂，不敢再问。

我们现在说"做牛做马"，意思是不论卑微，奉献心力，全身投入，其中的一个典故就是来自禅宗。南泉普愿禅师生前曾经说：以后要投胎当一只水牛，勤勤恳恳，为老百姓耕作。景岑禅师是南泉普愿禅师的弟子，于是说自己的老师可能现在是东边人家里的一头驴；或者是西边人家的一匹马，人们要骑要下都行，意思是顺其自然，该怎样就怎样，也就是《庄子》"安时处顺"的观点。

《食豆粥颂》说：僧人亲自煮了豆粥，百姓吃粥念经，好像也增添了智慧。我跟着尝了一口，果然，这豆粥让我得到生而为人，善尽人生的启发。

以后你知道了吧？吃东坡肉搭配的，不是小蒸饼；也不是白饭，而是让你有启发的豆粥啊（开玩笑）。

【拿来就用】

1. 苏东坡没吃过东坡肘子。番薯和辣椒都是原生在美洲，明代才传入中国。

2. 苏东坡为活而吃。他留下的饮食文学和食谱，养活了更多的人。

3. 烧东坡肉不难，难的是像苏东坡体悟的一样："顺应自然，了无牵挂"。

第十章

第一次震惊 AI 也懂苏东坡

为打假玩真的

新冠疫情让我第一次被苏东坡治愈。第一次自己烧东坡肉。而且为了"打假",扩充了我的新技能。我开始录制播客（podcast）、短视频节目，架设个人的专属网站。考虑到扩展收听地区和观众年龄范围，2021年1月1日，我在Bilibili的频道开播。

2020年4月在台北出版的《陪你去看苏东坡》很快地迎来四刷、五刷……

热销万本所带来的读者，从中学生到年长人士；从加拿大到印度尼西亚。有的说感动；有的说感谢；还有的说从我的书得到精神疗愈……这些，都是我始料未及的。

一位读者告诉我，在网上看到一个"陪你去看苏东坡"的视频，问是不是我做的？

不是啊。

我打开链接，机器朗读，搭配网上撷取的苏东坡图像，内容粗糙，而且多处读错。

这是不是走在版权保护的边缘？是"助推"我的书，还是适得其反呢？

我发布公告，说明这个视频和我无关，也和出版社无关。

结果，点赞的人多了，反而增加了那个视频的观看次数。

好吧，与其让劣质品充斥流传，不如我自己来做作者献声的真节目。于是学着做播客，读自己的作品。每篇文章长度在 10 分钟之内，刚好有个网站可以转成视频，那么，就上 YouTube 吧。

然后，怎么把我 2006 年开始写的博客、我发表的学术论文、艺文音频和视频都兜拢在一块儿，让有兴趣的人"一站式"地找得到？那就得再架设自己的专属网站。这些从未想过的玩意儿消磨我闭关在家的时间，分散我工作程序被打乱、休闲计划被终止的烦闷焦躁、忧郁不安。

我在新加坡《联合早报》的专栏"上善若水"分享自己动手操作的经验，结合作为"自媒体"(We media)的提供者和用户心得，谈作品和产品思维、客户和用户思维、市场和社群思维等，倒也引发了一些共鸣。

躲在苏东坡身后当"社恐"

2019 年为了介绍《书艺东坡》开的 YouTube 频道荒芜很久了，一直没有上新，既是由于个人疏懒，而且对于"献声""现身"有些惶恐。我只是一个写作者，习惯居于文字背后。我的名字很像刻意编想出的笔名，小学二年级第一次去学校总务处领刊登在校刊上的文章稿费，总务处的老师说："小学生不必用笔名。"我还问老师："笔名是什么？"

既然名字很像笔名，有时可以让我假装"衣若芬"这个人在现实中不存在。衣若芬是活在虚构的文学世界，像是某个言情小说里的角色，和大众保持着距离，那么，就保护了真正的我。

教学和科研，可无法再用"笔名"了吧？每次上讲台教书和对公众演说，总要给自己打气，提振精神，摆出"我爱出风头"的模样，掩饰对社交的恐惧。

所以，我怎么会是想当网红的 YouTuber，什么

"流量明星教授"呢?(是在嘲讽我吧?)

能够让我稍稍突破心结的,只有苏东坡。

中央电视台大型人文纪录片《苏东坡》播出以后,偶尔会在学术研讨会场合被认出来,要求签名合影。我起初十分尴尬,偷偷看其他与会学者的反应,我是不是太"招摇"了?但是拒绝他人(不能算"粉丝"吧?)又显得过于自命不凡,高高在上。我只不过是在那六集节目出镜,总共合起来大概也不到5分钟吧。

速战速决。我开心微笑,扮演"女版的苏东坡"(这是香港一家广播电台介绍我时形容的)。苏东坡那么大方,跟谁都可以交朋友,我这小卒算得了什么?人家是因为苏东坡认识我,如果我有什么光彩,也是苏东坡的晕轮效应(Halo effect),爱屋及乌嘛!

躲在苏东坡身后,我在2020年1月13日继续我的YouTube频道,那天是苏东坡983岁生日,我来个网上"寿苏会"。

苏东坡出生于北宋仁宗景祐三年农历十二月十九日,换算成阳历是公元1037年1月8日。纪念苏东坡生日的"寿苏会"大约始于清朝康熙三十九年

（1700）。宋荦买到南宋施元之、施宿父子与顾禧合注的苏东坡诗集，叫作《苏东坡诗施顾注》的残本，命人进行校对补充，完成一部书《施注苏诗》，当时正巧是苏东坡的生日，于是就举行了雅集聚会。

此后过了 73 年，宋荦旧藏的那套南宋《苏东坡诗施顾注》被翁方纲购得，也学宋荦组织纪念苏东坡生日的雅集聚会。翁方纲是苏东坡的铁杆粉丝，比宋荦更好来事，他一辈子至少举行过 24 次寿苏会，简直是看着苏东坡的日历过日子。

寿苏会活动遍及中国大江南北，从新疆、东北到海南岛，还东传到邻国韩国和日本，可以说是 18 世纪到 20 世纪中期的东亚共同文化盛事。

我的网上寿苏会

我来狗尾续貂，搞不成雅集，一己之力做个小视频，告诉大家有这么一回事也未尝不可。于是我把我曾经出版的苏东坡相关著作书影，以及追寻东坡行迹的照片制作成影音动图，上传 YouTube，聊表崇敬东坡先生之意。

我的播客叫作"有此衣说"，意思是有我这"衣"家之言。2020 年的网上寿苏会之后，我年年举行，换着花样来纪念苏东坡。前文说到苏东坡生日的阳历计算是公元 1037 年 1 月 8 日，所以也有人就把 1 月 8 日当成苏东坡生日。但是我想，苏东坡那会儿哪里知道什么西洋纪日？我们现在过春节，不也是农历吗？可不必像日本人明治维新以后，所有的节日只过阳历，8 月 15 日中秋节，那天可不一定有月圆哩。

2021 年我的寿苏会是请一位"博物馆迷弟"来聊 2020 年的三场和苏东坡有关的展览：《千古风流人物：

故宫博物院藏苏轼主题书画特展》(故宫博物院),《山高水长:唐宋八大家主题文物展》(辽宁省博物馆),《表忠观碑:馆藏拓本展》(杭州苏东坡纪念馆)。疫情期间,我动弹不得,就听分享、看图片,干过瘾。

2022年在网上参加了台北行舟社举办的《辛丑寿苏会》。我自己的寿苏会是和三位"90后"谈他们心目中的苏东坡,我们一致认为豪放豁达不是苏东坡的人生底色,而是人生历练的某种程度、某个阶段的结果。很高兴发现:通过苏东坡,竟然可以和年轻人拉近距离。

2023年我稍微总结了疫情期间的书写,讨论人们有点"病急乱投医",对苏东坡获得的《圣散子方》功效的盲目追捧,祈愿世界恢复健康。

3D 超写实数字人苏东坡

2022 年 11 月 OpenAI 的智能聊天机器人 ChatGPT 公之于世，马上吸引了全球的关注。短短两个月，用户就达到一亿。我很早就关注人工智能（AI），研究过 2016 年北京清华大学开发的生成古典诗机器人"薇薇"，以及 2017 年，人类历史上第一部由人工智能微软小冰生成的汉语白话诗集。我猜想：苏东坡也会卷入这波 AI 热浪吗？

答案是肯定的。

2022 年 5 月，我应邀参加北京中华书局"3D 超写实数字人苏东坡"模型研讨会，对设计团队创建的苏东坡数字人提出看法和建议。数字人（Digital human）是通过计算机图形学、语音合成技术、深度学习等绘制和建模，制造出应用于虚拟世界的人物。我研究过苏东坡的画像、题写画像的文字，对数字人模拟"还原"苏东坡的长相有些概念，尽己所知，提供浅见。

很快的，三个月以后，首位"3D超写实数字人苏东坡"作为中华书局110周年献礼推出。从媒体报道得知，中华书局积极开发、创作、运营"中华名人数字人元宇宙"，数字人可以运用于表情包、城市宣传、文旅赋能、东坡诗社IP周边开发等领域。

　　《2023中国诗词大会》上，"3D超写实数字人苏东坡"现身了！并且以《你好苏东坡·沉浸式宋韵艺术展》为主题，在长沙、苏州、成都等地和观众见面。

AI 说: 苏东坡, 我懂你!

我的 2024 年寿苏会, 联合 ChatGPT 和微软的智能聊天机器人 Bing, 将与它们的对话语音录下来, 配上生成的苏东坡图像, 制成音频和视频节目《2024 衣若芬和 AI 寿苏会》。

我们先看 ChatGPT 借助 DALL·E 生成的图像之一:

你看 AI 知道中国传统肖像画的基本格式, 有题画文字、印章和落款, 不过我使用的 AI 大语言模型毕竟是以英语为主, 欠缺生成汉字的能力。

再来看看 Bing 通过 DALL·E3 生成的苏东坡图像。起初它生成的图像实在太苍老, 像古画里的太上老君。我要求它生成年轻一点的模样, 最后结果还可以。(太帅了)

它也刻意加上了不知所云的落款和钤印。暂且不管, 我选了这张当节目封面。我们来聊天。

我：今天是 2024 年 1 月 29 日，农历十二月十九日，是中国宋代文人苏东坡 987 岁的诞辰。你有什么话要跟苏东坡说吗？

　　Bing：你好，这是 Bing。今天是苏东坡先生的 987 岁的诞辰，我想对他表示敬意和祝福，他是一位伟大的文人，他的作品对中国文化有很深远的影响。我希望他的精神和风格能够永远传承下去，也希望他能够在天堂享受平安和快乐。😊

　　我现在就为他写一首祝寿的诗，以表达我对他的敬佩之情：

　　结果 Bing 一口气写了不知是同一首还是不同的几首诗：

　　东坡风流千古在，诗词书画无不杰。
　　贬谪江湖心自在，笑看红尘何所惧。

　　人生到处知何似，应似飞鸿踏雪泥。

泥上偶然留指爪，鸿飞那复计东西。

赤壁赋中歌明月，黄楼赋里赋黄楼。
东坡肉是人间味，东坡词是天上流。

苏公风流千古在，诗词书画无不杰。
今日农历十二月，祝君九百八十七。

东坡肉是人间味，东坡词是天上流。
千秋万载名不朽，东坡先生万寿无疆！

显然里面有抄袭苏东坡《和子由渑池怀旧》的句子。

我问 Bing：你认为现在东坡先生在哪里呢？

Bing：你好，这是 Bing。我觉得这是一个很有意思的问题，但也很难回答。😊

如果你是指东坡先生的遗体，那么他的墓地

在河南省骆县的小峨眉山下，与他的第二任妻子王闰之合葬。他的墓碑上刻有他自己写的墓志铭，以及他的友人和后人的题诗。他的墓地被誉为"中国文化的圣地"，每年都有许多人前来瞻仰和祭拜。

如果你是指东坡先生的灵魂，那么我想他可能在天堂或者其他的世界，享受着他所喜爱的诗词书画和美食。也许他还会时常关注着中国的文化和历史，看看他的作品和思想是否还能对后人有所启发和影响。我希望他能够安息，也能够快乐。

如果你是指东坡先生的精神和风格，那么我认为他是不朽的，他是中国文化的瑰宝，是人类文明的财富，是值得我们一生学习和传承的。他的作品对中国的文学、艺术、政治、社会等方面都有深远的影响，也被翻译成多种语言，为世界各地的读者所欣赏。他的豪放精神、乐观心态、正直品格和博学多才，成为中国文人的典范和榜样。他的名字和形象，也成为了中国文化的一个重要的符号和代表。

AI 为了"使命必达"，往往会"一本正经地胡说八道"，河南没有骆县，"小峨眉山"是对的，三苏坟在河南省平顶山市郏县的小峨眉山麓。苏东坡的墓志铭是弟弟苏辙写的，不是自己写的。但是听到"东坡先生的灵魂"，"也许他还会时常关注着中国的文化和历史，看看他的作品和思想是否还能对后人有所启发和影响"，"他是中国文化的瑰宝，是人类文明的财富"……即使是机器人的声音，也还是令我心头一震！

ChatGPT 怎么说呢？

ChatGPT：苏东坡，你的智慧和才华横溢，即便在今天，仍然深深影响着我们。你的诗词、书法和绘画，不仅在艺术上造就了一个时代，也在文学和哲学上启迪了后人。祝你987岁诞辰快乐，你的遗产将永远流传下去。

我：您有什么问题要问苏东坡吗？

ChatGPT：如果我能问苏东坡一个问题，我会好奇地问：在您多彩多姿的一生中，您最珍视的时刻是什么？是创作您著名的诗词时刻？还是在政治风波中维护正义的时刻？或者是与亲朋好友共度的平凡时光？这个问题也许能让我们更深入地了解苏东坡的内心世界和他对生活的看法。

我：你觉得这个问题苏东坡会怎么回答呢？

ChatGPT：想象一下苏东坡的回答，他可能会说：生活中最珍贵的时刻并非只在诗词创作或政治成就中，而是在于体会生活的每一刻，无论是与友人品茗对话，还是在大自然中寻找灵感。苏东坡可能会强调，生活的意义在于体验和感悟，无论是高峰还是低谷。

我突然热泪盈眶。

这一刻，我好庆幸自己活着，躲过大疫，活着见识到了科技和人类文明的高度发展。AI 竟然也懂苏东坡！并且表达得那么精准："生活的意义在于体验和感悟，无论是高峰还是低谷。"

我想起苏东坡的《浣溪沙（游蕲水清泉寺，寺临兰溪，溪水西流）》：

> 山下兰芽短浸溪，松间沙路净无泥。萧萧暮雨子规啼。
>
> 谁道人生无再少？门前流水尚能西。休将白发唱黄鸡。

在傍晚凄凄沥沥的雨中，诗人欣赏着溪边刚发芽的兰草，被雨水洗净的松树间沙路没有泥泞。这条兰溪的水竟然是朝西流淌，那么我也不该嗟老叹衰，时光可能倒流，人生也可能再恢复年少啊！

即使我也像苏东坡赠诗给刘景文写的，已经到了人生的"橙黄橘绿时"，学着当残菊里的"傲霜枝"，任何时刻，当下就是最好的。

《赠刘景文》：

> 荷尽已无擎雨盖，菊残犹有傲霜枝。

一年好处（景）君须记，正（最）是橙黄橘绿时。

再看《题西林壁》：

横看成岭侧成峰，远近高低各不同。
不识庐山真面目，只缘身在此山中。

这首诗一般解释成"旁观者清"，我并不认为苏东坡在强调客观的立场。相反地，他说人的视角会决定判断，我们希望的不是从太空的高度俯瞰人间，既然人间如梦，梦要在人间做。呼吸、饮食、白日还是夜晚的梦里，都有多情的自己。

连 AI 都头头是道，遇得见苏东坡，我们何不沉浸在像庐山的真实或虚拟世界，品味"万物皆文本"，期待下一次遇见苏东坡的感动和新鲜，在山中。

【拿来就用】

1. 纪念苏东坡生日的"寿苏会"延续了后世对苏

东坡的记忆和感念。

2. 数字人结合 AI 技术，有望开拓更广阔的"苏东坡元宇宙"。

3. 遇见苏东坡，你会想和他说什么？

附

录

一、苏东坡人生大事年表

年　份	年龄	事　迹	地　点	本书提及作品
北宋仁宗景祐三年〔丙子〕农历十二月十九日公元1037年1月8日	1	苏轼字子瞻，一字和仲，又字子平祖父苏序，祖母史氏父亲苏洵，字明允。母亲程氏，大理寺丞程文应之女乳母任采莲	四川眉山纱縠行（今三苏祠）	
宝元二年〔己卯〕1039	3	二月，弟苏辙生。辙字子由，一字同叔，又称卯君，小字九三郎	四川眉山	
庆历二年〔壬午〕1042	6	开始读书。知欧阳修、梅尧臣文名	四川眉山	
庆历三年〔癸未〕1043	7	眉州朱姓老尼时年九十余，自言尝其随师入蜀之孟昶宫中，能记宫词	四川眉山	
庆历四年〔甲申〕1044	8	入天庆观北极院从道士张易简读小学。得知石介《庆历圣德诗》	四川眉山	
庆历六年〔丙戌〕1046	10	父亲苏洵周游四方，母程夫人亲自授书，读《后汉书·范滂传》	四川眉山	

年　份	年龄	事　迹	地　点	本书提及作品
庆历七年〔丁亥〕1047	11	五月十一日，祖父苏序卒	四川眉山	（约本年）苏洵《名二子说》
庆历八年〔戊子〕1048	12	苏轼于纱縠行隙地中得异石	四川眉山	
至和元年〔甲午〕1054	18	与青神县乡贡进士王方之女王弗结婚。王弗时年16岁	四川眉山	
至和二年〔乙未〕1055	19	苏辙17岁，与史氏结婚。史氏时年15岁	四川眉山	
嘉祐元年〔丙申〕1056	20	1. 三月，苏洵带领苏轼、苏辙赴京师应试 2. 父子三人行至河南，马死于二陵，骑驴至渑池，停歇于奉闲僧舍 3. 五月抵京师，馆于兴国寺浴院 4. 七月三日，于开封景德寺发解试。袁毂第一，苏轼第二，子由亦中举	河南开封	
嘉祐二年〔丁酉〕1057	21	1. 正月六日，参加开封省试。《刑赏忠厚之至论》被欧阳修误认为曾巩之作，列为第二名。省试结果：省元李寔。苏轼、苏辙合格	河南开封	

年　份	年龄	事　迹	地　点	本书提及作品
嘉祐二年〔丁酉〕1057	21	2. 三月五日—七日，仁宗亲试崇政殿。状元章衡。苏轼初列丙科第五甲，后升为乙科第四甲，赐进士出身 3. 四月八日，母亲程夫人病故，年48。苏洵父子回蜀奔丧		
嘉祐三年〔戊戌〕1058	22	在家丁忧	四川眉山	
嘉祐四年〔己亥〕1059	23	丁忧期满。十月还朝。苏氏父子三人经嘉州走水路，出三峡。妻王弗随行，长子苏迈出生	三峡。重庆。武汉	
嘉祐五年〔庚子〕1060	24	二月十五日，苏氏父子抵达京师。朝廷授苏轼河南福昌县主簿，不赴	河南开封	《许州西湖》
嘉祐六年〔辛丑〕1061	25	1. 八月十七日，苏轼兄弟通过秘阁考试制科—贤良方正能直言极谏 2. 八月二十五日，仁宗亲试崇政殿制科试。苏轼三等，苏辙四等。第一和第二等为虚设	河南开封	《辛丑十一月十九日，既与子由别于郑州西门之外，马上赋诗一篇寄之》《和子由渑池怀旧》《凤翔八观》

年　份	年龄	事　迹	地　点	本书提及作品
嘉祐六年〔辛丑〕1061	25	3. 苏轼授大理评事，签书凤翔府节度判官。十一月赴凤翔，子由送至郑州。十二月十四日到任		
嘉祐七年〔壬寅〕1062	26	凤翔府节度判官任上	陕西凤翔	
嘉祐八年〔癸卯〕1063	27	凤翔府节度判官任上	陕西凤翔	
英宗治平元年〔甲辰〕1064	28	十二月十七日，罢凤翔签判。自凤翔赴长安	陕西凤翔	
治平二年〔乙巳〕1065	29	1. 正月还朝。判登闻鼓院，直史馆 2. 五月二十八日，妻王弗病卒于京师，年27	河南开封	《亡妻王氏墓志铭》
治平三年〔丙午〕1066	30	1. 在京师，直史馆 2. 四月二十五日，父苏洵病逝于京师，年58	河南开封	
治平四年〔丁未〕1067	31	在家居丧	四川眉山	
神宗熙宁元年〔戊申〕1068	32	1. 十月，续娶王弗堂妹、王介幼女王闰之为妻。王闰之时年21岁 2. 冬，与弟辙携家赴汴京，途中在长安度岁	四川眉山	

年　份	年龄	事　迹	地　点	本书提及作品
熙宁二年〔己酉〕1069	33	二月还朝，在京任殿中丞直史馆判官告院。反对王安石实行新法	河南开封	
熙宁三年〔庚戌〕1070	34	1. 苏轼在京，以直史馆权开封府推官 2. 二子苏迨生	河南开封	
熙宁四年〔辛亥〕1071	35	1. 苏轼在京，权开封府推官 2. 上书神宗，论朝政得失，请求外任 3. 四月任命通判杭州。七月离京。十一月到杭州任	河南开封	《发洪泽，中途遇大风，复还》《腊日游孤山访惠勤惠思二僧》
熙宁五年〔壬子〕1072	36	1. 任杭州通判 2. 欧阳修病逝 3. 三子苏过生	浙江杭州	《六月二十七日望湖楼醉书》五首
熙宁六年〔癸丑〕1073	37	任杭州通判	浙江杭州	《饮湖上初晴后雨》二首
熙宁七年〔甲寅〕1074	38	1. 任杭州通判 2. 朝云入苏家 3. 罢杭州通判，以太常博士、直史馆权知密州军州事。十月离杭北上，十一月三日到密州任	浙江杭州	

年　份	年龄	事　迹	地　点	本书提及作品
熙宁八年〔乙卯〕1075	39	知密州	山东诸城	《江城子·乙卯正月二十日夜记梦》《江城子·密州出猎》
熙宁九年〔丙辰〕1076	40	知密州	山东诸城	《水调歌头·丙辰中秋，欢饮达旦，大醉，作此篇，兼怀子由》
熙宁十年〔丁巳〕1077	41	1. 知密州 2. 四月二十一日到徐州任	山东诸城	
元丰元年〔戊午〕1078	42	1. 知徐州 2. 长子苏迈原配吕氏生子苏箪	江苏徐州	《永遇乐·彭城夜宿燕子楼，梦盼盼，因作此词》
元丰二年〔己未〕1079	43	1. 知徐州 2. 三月二十日，到湖州任上 3. 七月，被弹劾。八月十八日，苏轼被押赴台狱勘问，史称"乌台诗案" 4. 十二月二十九日，获释出狱，责授检校水部员外郎黄州团练副使，本州安置，不得签书公事	江苏徐州。浙江湖州。河南开封	

年　份	年龄	事　　迹	地　点	本书提及作品
元丰三年〔庚申〕1080	44	1. 二月一日，到黄州贬所，寓居定惠院 2. 五月二十九日，迁居临皋亭 3. 纳朝云为妾	湖北黄冈	《寓居定惠院之东杂花满山有海棠一株土人不知贵也》《念奴娇·赤壁怀古》《念奴娇·中秋》
元丰四年〔辛酉〕1081	45	二月，故人马正卿哀苏轼乏食，为请郡中故营地数十亩，使得躬耕其中，地在城中东坡	湖北黄冈	（约本年）《煮鱼法》
元丰五年〔壬戌〕1082	46	1. 二月，于东坡筑雪堂，自号东坡居士 2. 七月十六日，与道士杨世昌泛舟赤壁 3. 十月十五日，再与杨世昌、潘大临游赤壁 4. 十二月十九日，东坡生日，与郭遘、古耕道置酒赤壁矶下，李委作新曲《鹤南飞》以贺	湖北黄冈	《（前）赤壁赋》《后赤壁赋》《定风波·三月七日沙湖道中遇雨。雨具先去，同行皆狼狈，余独不觉。已而遂晴，故作此》《浣溪沙·游蕲水清泉寺，寺临兰溪，溪水西流》《蜜酒歌（并叙）》《又一首答二犹子与王郎见和》

年　份	年龄	事　迹	地　点	本书提及作品
元丰六年〔癸亥〕1083	47	1. 谪居黄州 2. 九月二十七日，朝云生子苏遯	湖北黄冈	《寒食雨》二首《大寒步至东坡赠巢三》《记承天夜游》（约本年）《东坡羹颂（并引）》
元丰七年〔甲子〕1084	48	1. 三月，苏轼移汝州团练副使，本州安置，不得签书公事 2. 四月，别黄州 3. 七月二十八日，幼子苏遯夭折	湖北黄冈江西庐山江苏扬州	《题西林壁》《豆粥》《浣溪沙·元丰七年十二月二十四日，从泗州刘倩叔游南山》
元丰八年〔乙丑〕1085	49	1. 三月，神宗驾崩，年38 2. 五月，司马光荐举苏轼，诰命复朝奉郎起知登州 3. 十月十五日，到登州 4. 十月二十日，接诰命，以礼部郎中召回京 5. 十二月到京。迁起居舍人	山东蓬莱河南开封	《惠崇春江晚景》二首
哲宗元祐元年〔丙寅〕1086	50	1. 在京师任中书舍人，翰林学士 2. 苏迈继室石氏生子苏符	河南开封	《定风波·长羡人间琢玉郎》

年　份	年龄	事　迹	地　点	本书提及作品
元祐二年〔丁卯〕1087	51	在京师任翰林学士兼侍读	河南开封	
元祐三年〔戊辰〕1088	52	在京师任翰林学士，知制诰兼侍读	河南开封	
元祐四年〔己巳〕1089	53	1. 在京任翰林学士，知制诰兼侍读。连续上章乞求外任 2. 三月，以龙图阁学士充浙西路兵马钤辖知杭州军州事 3. 七月三日，到杭州	河南开封浙江杭州	《与莫同年雨中饮湖上》
元祐五年〔庚午〕1090	54	知杭州。疏浚西湖，筑堤，杭人名之苏公堤	浙江杭州	《赠刘景文》《杭州启度牒开西湖状》《开湖祭祷吴山水仙五龙三庙祝文》
元祐六年〔辛未〕1091	55	1. 正月，任命苏轼为吏部尚书，二月改命为翰林学士承旨 2. 五月二十六日，抵达京师。随即又被任命为翰林学士承旨兼侍读 3. 八月，诏以龙图阁学士知颍州 4. 八月二十二日，到颍州	河南开封安徽阜阳	《行香子·清夜无尘》

年　份	年龄	事　迹	地　点	本书提及作品
元祐七年〔壬申〕1092	56	1. 正月，知颍州 2. 二月，罢知颍州，以龙图阁直学士充淮南东路兵马钤辖知扬州军州事 3. 三月十六日，到扬州 4. 八月，以兵部尚书兼差充南郊卤簿使召回 5. 十一月，为卤簿使导驾景灵宫，迁端明殿学士兼翰林、侍读学士，守礼部尚书	安徽阜阳江苏扬州河南开封	《轼在颍州，与赵德麟同治西湖，未成，改扬州。三月十六日，湖成，德麟有诗见怀，次其韵》
元祐八年〔癸酉〕1093	57	1. 八月一日，继室王闰之卒于京师，年46 2. 九月，苏轼以端明殿学士兼翰林侍读学士、礼部尚书出知定州 3. 十月，至定州	河南开封河北定州	《祭亡妻同安郡君文》
绍圣元年〔甲戌〕1094	58	1. 六月，责授建昌军司马，惠州安置，不得签书公事 2. 苏轼令次子苏迨携家眷从长子苏迈一家同居宜兴。与少子苏过，侍妾朝云赴惠州 3. 九月，度大庾岭（梅岭）。十月二日，抵惠州	广东惠州	《十一月二十六日，松风亭下，梅花盛开》《再用前韵》
绍圣二年〔乙亥〕1095	59	谪居惠州	广东惠州	

年　份	年龄	事　迹	地　点	本书提及作品
绍圣三年〔丙子〕1096	60	1. 谪居惠州 2. 七月五日，朝云病逝，年34	广东惠州	《西江月·玉骨那愁瘴雾》
绍圣四年〔丁丑〕1097	61	1. 谪居惠州 2. 被贬，责授琼州别驾，移送昌化军安置 3. 五月抵梧州。十一日与子由相遇于滕州，相处一月，同行至雷州，六月十一日相别渡海。未意竟为永别 4. 七月二日到儋州	海南儋州	《闻子由瘦》
元符元年〔戊寅〕1098	62	谪居儋州	海南儋州	《在儋耳书》（又名《试笔自书》）《过子忽出新意，以山芋作玉糁羹，色香味皆奇绝，天上酥陀则不可知，人间决无此味也》《菜羹赋》
元符二年〔己卯〕1099	63	谪居儋州	海南儋州	（约本年）《老饕赋》
元符三年〔庚辰〕1100	64	1. 遇赦，六月离儋州 2. 奉敕复朝奉郎提举成都府玉局观，在外州军任便居住	海南儋州 广东广州	

年　份	年龄	事　迹	地　点	本书提及作品
徽宗建中靖国元年〔辛巳〕1101	65	1. 正月，度梅岭。停留虔州40日，之后继续北上 2. 六月抵常州，寓于孙氏馆，上表请致仕 3. 七月二十八日，苏轼病逝于常州	江西赣州 江苏常州	
崇宁元年〔壬午〕1102		闰六月二十日，苏轼与王闰之合葬于汝州郏城县钧台乡上瑞里嵩阳峨眉山		苏辙《亡兄子瞻端明墓志铭》

二、中外名人谈苏东坡

苏东坡是一个不可救药的乐天派，一个伟大的人道主义者，一个百姓的朋友，一个大文豪，大书法家，创新的画家，造酒试验家，一个工程师，一个憎恨清教徒主义的人，一位瑜伽修行者，佛教徒，巨儒政治家，一个皇帝的秘书，酒仙，厚道的法官，一位在政治上专唱反调的人，一个月夜徘徊者，一个诗人，一个小丑。

——林语堂

苏轼一向被推为宋代最伟大的文人，在散文、诗、词各方面都有极高的成就。他批评吴道子的画，曾经说过："出新意于法度之中，寄妙理于豪放之外"。从分散在他著作里的诗文评看来，这两句话也许可以现成地应用在他自己身上，概括他在诗歌里的理论和实践。……李白以后，古代大约没有人赶得上苏轼这种"豪放"。

——钱锺书

苏轼是我国文化史上一位罕见的全才，是人类知识和才华发展到某方面极限的化身，人们对苏轼所创造的文化世界，曾有"苏海"之称。

——复旦大学首席教授、中国宋代文学学会

名誉会长　王水照

任何真正的文学家都是深刻的思想家，他们的作品充满了对人生的观察思考和感慨。苏轼也不例外，他的诗词文充满了儒释道入世语，出世进取与退避等看似相互矛盾，实际又颇为统一的思想。

——四川大学荣退教授、中国苏轼研究学会

名誉会长　曾枣庄

东坡的天才吟咏为神州大地的万里江山倾注了浓郁的诗意，东坡的创造性贡献使中华文化提升到更高的境界。时至今日，如果有哪个妄自尊大的外国人对中华文化表示轻蔑，或有哪个数典忘祖的中国人对中华文化妄自菲薄，我们就可以自豪地告诉他们——我们拥有东坡！我们向世界贡献了东坡！

——南京大学教授、前中国宋代文学学会

会长　莫砺锋

苏轼善于把无聊的生活变得有趣味，把平凡的生活变得有意义，把命运的低谷转化为生命的高峰，把人生的苦酒酿成一杯清茶，从容淡定地品尝。他能把普通食材变成美味佳肴，把籍籍无名的山河唱响成举世闻名的胜景名区。他是生活和艺术大师，也是思想和行动的伟人，可敬、可亲又可爱。

——中国词学研究会会长、中国宋代文学学会会长、

四川大学讲席教授　王兆鹏

我心目中的苏东坡：一个以民本思想为底色的儒者，一个从道不从君的志士仁人，一个造福于民、遗爱千秋的地方官，一个不合时宜的朝政批评者，一个富有包容精神的思想家，一个胸藏万卷、八面受敌的读书人，一个聪明绝顶的艺术天才，一个诙谐幽默的谈论高手，一个悟透宇宙人生、超然物外的智者，一

个身处困境时的美食家，一个尊重女性的好男人。

——四川大学教授，苏轼研究学会会长　周裕锴

首先，苏轼是中国传统文化孕育的罕见"全才"，在经学、佛学、史学、政治学、医学、造园、美食等诸多领域皆有不凡造诣，当然尤其擅长文学艺术，在诗、词、古文、书法、绘画等体裁上均达一流水平。在某种意义上，面对苏轼的时候仿佛就在面对传统文化的整体，不同兴趣的读者都能从他获益。其次，他的作品中充满了"人生思考"。他的表达能力和交流能力都特别强，所以无论是内心独白式的作品，还是跟别人应酬的作品，都能体现"人生思考"的结果。只要一翻他的集子，就能感受到这个特点，而读者自然就会在"人生观"的层面受其影响，这使苏轼的影响能够深入到国人的"灵魂"层面。

——复旦大学教授　朱刚

五十九岁那年，苏轼曾写下《廉泉》一诗。他说："水性故自清，不清或挠之。……纷然立名字，此水了

不知。毁誉有时尽，不知无尽时。"可谓是典型的夫子自道。

苏轼的一生，曾有过多种名号：他曾是新科进士、馆阁学士、地方长官、朝廷重臣，也曾是钦定要犯、狱中囚徒、贬谪罪官……但他早已知道，所有名号都只是一时一地的特定身份，每个身份都无法定义自己，更无法框限自己。他的一生，无论穷达，都能超越身份的局限，不被任何社会标签所固化，始终追求自由的生命境界，从而拥有了无限丰富的人生，创造了浩瀚渊深的文化世界。

——同济大学副教授　崔铭

苏东坡洞悉了人生，对世间的美与丑有着清醒的认识。但他并不悲观失望，而是遵循着自然的规律、遵循着社会的规律。他有抗争，但不莽撞；他有妥协，但不盲目。在能够实现理想的时候，东坡积极进取，尽力施展自己的一切政治才能；当身处困境之中，东坡能够通过文学、艺术创作来调整情绪，取得了辉煌的艺术成就。这是东坡高于历史上诸多文人之处，这是东坡强过其他政治人物之处。苏东坡是全才的，是文人理想的综合体。东坡精神，光耀千古！

——吉林大学文学院教授　由兴波

苏东坡一生虽然颠沛流离，却依然能在"空山无人，水流花开"的境界中处之泰然。

——台湾大学荣退教授　黄启方

我们今天仍然爱读东坡作品、喜欢聊东坡的生平故事，不但没有隔阂，甚至感到亲切，并且觉得它仍有可以学习的地方，充满启发的意义，正因为它有超乎个人的普遍性的恒久价值，富有"现代性"的精神，呼应着不同世代的人类心灵，彼此跨越时空，仍能同情共感。换言之，东坡的人性和文学之美善本质，可以超越时空，如天上的星光，虽然是已逝的光芒，却依旧照耀于光年之外，让人仰望，并可发现，它依然存在，在我们的心灵里，它不曾消失。

——台湾大学教授　刘少雄

苏东坡是博学型的文学家，从他所留下来的诗、词、赋、文章与《东坡易传》《东坡书传》《论语说》等经学思想论著来看，我们需要儒道释与中国传统文化的深湛学养才能看清他的生命内涵。现代人文化素养各取所需，汲取东坡弱水三千的一瓢饮，就足以安顿身心，在文学、书画、中医、农田水利、书画艺术、博物乃至人生思想与生命哲学，都能有丰赡而酣畅的满足感。读书以尚友古人为最高境界，苏东坡是人人最值得神交的古人，衣若芬教授是亲近东坡最能深入浅出的当代学者，读衣教授的著作，真是尚友苏东坡的最佳径路。

——台湾佛光大学人文学院院长、中国文学与
应用学系教授、《古今文选》主编　肖丽华

苏轼是中国文学史上一座不朽的丰碑，他的诗词文作品已臻极致，是历代作家取法的楷式，无数读者阅读的范本，也是众多学者研讨的经典。作为中国历史上百科全书式的人物，他在政治、经济、文化、书画、宗教、医疗、饮食、养生及军事等领域均取得迈越常流的成就，成为中国文化的缩影。苏轼刚正守节

的政治风范、幽默风趣的行为方式、笑对人间厄运的超旷情怀、从容自如的儒雅风度及圆融无碍的汇通精神，铸就其既可尊可敬，又可亲可爱的大众形象，成为中国文人的标杆，具有持久不衰的魅力与溢出本土的国际影响。

——湖南科技大学社科联副主席、教授　王友胜

苏轼是文学上的"全能冠军"，是数千年中华文坛的标杆人物。我看东坡形象，非唯文人雅士，而别具将帅的才气，他曾历多任知州，权知军事，官至兵部尚书、经略安抚使兼马步军都总管。贯穿其"文气"，呈现出一股独有的"英雄气"(英气)、"豪侠气"(豪气)，邝健、潇洒、纵横捭阖、汪洋恣肆，如《江城子·密州出猎》《题西林壁》《念奴娇·赤壁怀古》《赤壁赋》等，都是"气度"特立的代表作。

我誉之为"千古文雄""文侠"——一位真正的"大文豪"。其作品呈现出的外放型风貌，以文概之，雄浑不失温厚，以诗喻之，逸迈不减流丽，以词言之，超脱中蕴藉婉约。二者浑然一体，出格入道，契合出

一种全新的审美境界。

——香港大学哲学博士　杜若鸿

东坡一生历尽坎坷，常被命运摆布，在极不自由的境地里，独行于荆天棘地之中，胸臆间积郁着一腔难平之气，如生芒角，非吐不快，他就在这痛苦而又孤独的人生路上，习于写诗。

——作家　李一冰

我曾经在梦里见过苏轼。中文版《"自然"之辩》出版前的某个夜半，我忽然到了一座青葱高耸的山上，见大学堂，学生读书，音声琅琅。堂上的先生，俨然就是东坡。我压抑住激动的心情，等到课后，恭敬地走到堂前说："先生，可见到您了！"东坡只是微微一笑，如同旧识，说："我们出去走走。"我们一前一后散步到山顶，随即不知为什么，在清风里，相拥跳起了阿根廷探戈。

吾不复梦见东坡久矣，却常常想到这个梦。写东坡的这本书，是我的第一本、也许也是毕生最幼稚最纯粹的著作。我的研究也从北宋转到了近现代，写作的笔触与调性变得更加沉重黑暗，生活当然也牵涉了更加复杂的人事政治。苏轼于我的意义，也悄然变化着。在面对困难抉择的时候，我有时想：东坡会怎么做？许多话他本可以不说，许多事他本可以不做，许多人他本可以不得罪，但恰恰是那份知其不可而为、不患得患失的天真，成就了天才以上的东坡。这世界上天才常有，不得意事也常十之八九，而东坡的不可及处，也许恰在他知道什么值得追求、什么不争也罢的清醒吧。

——德国法兰克福大学教授　杨治宜

苏东坡能入选千年英雄最重要的原因就是，他有一颗自由的灵魂。

——法国《世界报》记者　让·皮埃尔·朗日里耶（Jean-Pierre Langellier）

苏东坡体现了"文化和道义方面的人道精神"，而这正是"极具批判精神并富有渊博学识的、不再是苛刻的评论家而更是对万物都好奇的智者"的文人所追求的精神。

——法国法兰西公学院教授　程艾兰（Anne Cheng）

苏轼的作品非常丰富，数量巨大，他有着无尽的创造力，这是最打动我的地方。比如说他写雨中梅花五首，每一首都是从不同的角度来写。又如赤壁，苏轼写了赋、词等等，每一次写赤壁时写法都不同。《东坡八首》也是，每一首都不同。别的作家也许也有这种创造力，而苏轼保持了一生。苏轼这个人是可爱的，幽默的，同情别人，尤其是穷人。

——美国斯坦福大学汉学讲座教授
艾朗诺（Ronald Egan）

"苏东坡"的名字前经常会附上"天下第一"的赞辞。我是百分百赞同苏东坡在学问、文学、书画、人品上都是天下第一的。在其各"天下第一"中，我特别推崇他提出"胸中成竹"论和"常理常形"论的艺术眼光。因为"胸中成竹"论和早于西方"印象派"800

余年的"印象主义美术理论"没有什么不同，而"常理常形"论这一先觉性的主张，则旨在预防随着西方印象主义的延伸而出现的"Informal"抽象运动所暴露出的一些"欺诈性"病弊。生活在21世纪的我们，应该以"苏东坡"的艺术论为基础，努力地去矫正西方美术理论的矛盾。

——韩国国立全北大学名誉教授　金炳基

每个时代的文学都蕴含着该时代的人生，而宋代的诗歌所体现的时代特征就是儒教、佛教、道教的会通。儒者禅化是十分突出的特点，与之相对，禅者儒化的现象也很普遍。通涉能力非常突出的苏轼也不例外。褚师斌杰先生曾概括其特点道："苏轼出入儒道、濡染佛禅，他有儒家的底子，有'知其不可为而为之'的积极入世的精神，又爱庄子、陶诗和禅理，从而在种种挫折中，善于解脱，保持'无所往而不乐'的生活态度。"(《苏轼禅诗研究序》)因为苏轼的思想不囿于当时理学的桎梏，而具有包容性与多元性，故而能写出"奇逸旷远，绝俗超尘"(《苏轼禅诗研究序》)、意境深沉而动人心怀的伟大诗歌以及丰富多彩的文章。

——韩国东国大学教授兼东亚海洋文明与

宗教文化研究所所长　朴永焕

苏轼对高丽及朝鲜时期韩国文人的影响主要体现在赤壁船游的重演、和苏诗的创作、"拜坡会"的举行等三个方面。高丽及朝鲜文人如此推崇苏轼，是因为他们欣赏并渴望效仿苏轼文学作品中蕴含的超逸绝尘、豪放不羁的价值观和人生态度。换言之，高丽及朝鲜文人，尤其是被贬到边地或被降职为地方官的文人，都将苏轼视为榜样和进行精神交流的知己，并将苏轼的诗文作为治愈心理创伤的良方。

——韩国梨花女子大学助理教授　柳素真

苏轼以其极具独创性的才华彻底改变了中国文学表达的方式，并对后来的文人产生了决定性的影响。苏轼之后的中国诗歌，虽然程度有深浅之差，但都能看到受苏轼影响的痕迹。就像杜甫之后的几乎所有诗歌都流淌着杜甫的血一样，苏轼之后的诗歌中也都流淌着他的血液。但是，苏轼的独创性并不是每个人都能继承的。真正能够继承苏轼的血脉的人，是那些具有敏锐才华的文人。

——日本大阪大学教授、日本宋代文学学会前会长、
日本中国学会副会长　浅见洋二

苏轼在黄州谪居期间，通过实践性的信仰姿态而加深了对佛教的理解，同时也通过晴耕雨读的实际生活，加强了他跟陶渊明的共鸣，进一步开始了将陶渊明式的生活形态付诸实现的行动。

——日本早稻田大学教授　内山精也

人生短促如暂寄世间的思想，古已有之，因此乍看见之下，这类语句给人以悲观之感。但是在苏轼这里，"人生如寄"并非通向厌世，而是导向了相反的主张：在短暂的一生里，人应该去追求幸福，不，应该说幸福是无所无处不在的，唯其如此，他才会说："人生如寄何不乐"。

——日本南山大学名誉教授　山本和义

苏轼把造物主称作小儿，因为他把人的命运、境遇看成是某种超自然的存在所玩耍的游戏，那个创造并支配万物的超自然的存在，如同小儿一样天真烂漫，人类不过是这个造物主小儿游戏的产物，而且一直被其玩弄于手中，唯其如此，我们就不能说人生在世无聊乏味了，因为人生又可以像小儿那样自由玩耍了。

——日本著名汉学家　小川环树

三、推荐书目

1. 李一冰：《苏东坡新传》(增修校订全新版)，台北联经出版公司，2019年版。

2. 王水照、崔铭：《苏轼传》，人民文学出版社2019年版。

3. 莫砺锋：《漫话东坡》，凤凰出版社2008年版。

4. 朱刚：《苏轼十讲》，上海三联书店2019年版。

5. 故宫博物院编：《千古风流人物：故宫博物院藏苏轼主题书画特展》，故宫出版社2020年版。

6. 黄启方：《人间有味是清欢：东坡肉、元修菜、真一酒，苏轼的饮食生命史》，台湾商务印书馆2022年版。

7. 郑培凯：《此心安处：书写苏东坡》，香港中华书局2022年版。

8. 曾枣庄等：《苏轼诗文词选译》，凤凰出版社2011年版。

9. 冯明珠、林天人:《卷起千堆雪:赤壁文物特展图录》,台北故宫博物院,2009 年。

10. 李常生:《苏轼行踪考》,城乡风貌工作室 2019 年版。

11. 王水照:《苏东坡和他的世界》,中华书局 2023 年版。

12. 康震:《康震讲苏东坡》,中华书局 2018 年版。

13. 祝勇:《在故宫寻找苏东坡》,湖南美术出版社 2017 年版。

14. 张炜:《斑斓志》,人民文学出版社 2020 年版。

15. 罗威尔主编:《知中·幸会!苏东坡》,中信出版社 2017 年版。

16. 郭瑞祥:《苏轼的朋友圈》,岳麓书社 2023 年版。

17. 叶嘉莹:《叶嘉莹论苏轼词》,四川人民出版社 2023 年版。

18. 杨治宜:《"自然"之辩:苏轼的有限与不朽》,生活·读书·新知三联书店 2018 年版。

19. [美]比尔·波特:《一念桃花源:苏东坡与陶渊明的灵魂对话》,中信出版社 2018 年版。

20. 赵冬梅:《大宋之变: 1063—1086》,广西师范大学出版社 2020 年版。

衣若芬著苏东坡相关书籍

1.《自爱自在:苏东坡的生活哲学》,天地出版社 2023 年版。

2.《倍万自爱:学着苏东坡爱自己,享受快意人生》,有鹿文化 2021 年版。

3.《陪你去看苏东坡》,有鹿文化 2020 年版/商务印书馆 2021 年版。

4.《书艺东坡》,上海古籍出版社 2019 年版。

5.《东坡先生,生日快乐》,群传媒 2012 年(电子书)。

6.《赤壁漫游与西园雅集——苏轼研究论集》,线装书局 2001 年版。

7. 与曾枣庄教授等合著:《苏轼研究史》,江苏教育出版社 2001 年版。

8.《苏轼题画文学研究》,文津出版社有限公司 1999 年版。

图书在版编目(CIP)数据

第一次遇见苏东坡 / 衣若芬著. -- 上海 : 上海人民出版社,2024. -- ("第一次遇见"系列丛书).
ISBN 978-7-208-19003-0

Ⅰ. K825.6

中国国家版本馆 CIP 数据核字第 20242GV127 号

责任编辑 马瑞瑞
封面设计 周伟伟

"第一次遇见"系列丛书

第一次遇见苏东坡

衣若芬 著

出　　版	上海人名✗出版社
	(201101　上海市闵行区号景路 159 弄 C 座)
发　　行	上海人民出版社发行中心
印　　刷	上海盛通时代印刷有限公司
开　　本	787×1092　1/32
印　　张	8.125
插　　页	9
字　　数	111,000
版　　次	2024 年 8 月第 1 版
印　　次	2024 年 9 月第 2 次印刷

ISBN 978 - 7 - 208 - 19003 - 0/K·3396

定　　价	59.00 元